ALEXANDRE BATTA.

Prix : **25 centimes.**

ÉCRIVAINS
ET
ARTISTES VIVANTS
FRANÇAIS ET ÉTRANGERS

BIOGRAPHIES AVEC PORTRAITS.

PAR

X. EYMA ET A. DE LUCY.

1re LIVRAISON.

INSTRUMENTISTES.

Alexandre BATTA.

> Souvenez-vous que pour arriver à quelque chose, il ne suffit pas de beaucoup travailler, il faut trop travailler.
>
> (P. D.)

Paris

AU BUREAU DU JOURNAL OUTRE-MER

2, Rue Grange-Batelière,

ET CHEZ TOUS LES LIBRAIRES.

1840.

IMPRIMERIE D'AMÉDÉE-SAINTIN,
38, rue Saint-Jacques.

PRÉFACE.

Les Auteurs de ce livre, ne se proposent d'autre but en écrivant la vie de nos artistes que de prendre au berceau les grandes célébrités, sur le compte des quelles la curiosité du public est assez souvent aiguillonnée; représenter une à une toutes les phases de leur existence, grouper les petits évènemens de leur enfance, évènemens pleins de charmes et de doux souvenirs, éparpillés çà et là comme autant de fleurs; citer le courage, l'opiniâtreté et les nobles convictions de quelques uns au milieu des luttes et des déboires de la jeunesse, suivre tous les progrès de leur intelligence depuis l'enfantement de leurs rêves si riches et si brillans d'avenir, jusqu'à l'épanouissement de cette glorieuse réalité qui les a faits les hommes éminens du jour, la tête ou plutôt le cœur de leur siècle; bien des péripéties, plus d'un drame arriveront sous notre plume; nous les raconterons, ils sont inhérens à la vie de l'Artiste; l'ennui, le dégoût, les larmes, les regrets, plus que cela souvent, la faim, la soif, la misère dans toute sa nudité, voilà ce que rencontre presque toujours au début quiconque ose entrer dans cette dre et pénible voie, qui mène à la Gloire, tortueux labyrinthe, dont l'issue fuit toujours.... toujours....

Combien se sont lassés qui avaient

à peine fait quelque pas dans cette route semée d'embûches ! Les exemples seront là pour leur montrer par quelle suite de combats on obtient le triomphe.

De là doit ressortir un utile enseignemeut, nous le croyons, nous le désirons.

Ce que nous avons dit prouve assez que nous voulons être BIOGRAPHES dans toute l'acception du mot et nullement CRITIQUES. Nous ne jugerons donc pas, nous ne chercherons pas à imposer nos opinions; tous les hommes dont nous esquisserons la vie auront été déjà appréciés par le public; les uns auront eu en partage l'enthousiasme et les bravos, contre les autres bien des colères auront grondé, bien des orages se seront déchaînés; qu'importe? par le temps qui court c'est avoir une valeur incontestable que d'être attaqué et contesté; des médiocrités seules et des gens de peu on ne dit rien.

Deux mots de notre plan : nous comprenons sous cette dénomination générale D'ARTISTES, les Musiciens, (Compositeurs, Instrumentistes ou Chanteurs), les Peintres, Statuaires, Architectes et Comédiens. Chacune de nos livraisons contiendra alternativement la Biographie d'un des hommes les plus éminens dans une de ces catégories, tous les genres seront périodiquement mêlés; de cette manière nous éviterons la monotonie.

PRÉFACE

Nous serons très scrupuleux et très sévères sur le choix de nos HÉROS. Il n'y aura place que pour ces hommes dont les noms ont vraiment cours dans le public; qu'on entende bien que c'est moins une spéculation de notre part, pour flatter le goût des masses qu'une conviction de cœur, une affaire de conscience : n'est vraiment digne à nos yeux de ce beau titre d'Artiste, trop souvent usurpé que celui que l'inspiration a illuminé de ses rayons, que celui qui par le travail et la persévérance à acquis des forces et gagné contre le ciel parcimonieux de ses faveurs quelqu'une de ces grandes batailles si glorieuses par leurs résultats.

Nous ne pourrions sans injustice

ni cruauté refuser de tendre la main à de rares intelligences méconnues et que l'indifférence ou la paresse du public noie sans pitié dans l'océan de l'oubli ; mais nous le déclarons d'avance, de ces sortes de secours nous serons très-avares ; car nous voulons nous garantir de toute accusation de camaraderie. Des poètes comme Moreau ne sont pas assez communs pour qu'il soit besoin de venir en aide à tous ces téméraires qui se lancent chaque jour sans expérience et sans boussole sur cette vaste mer si grosse d'orages ; s'ils coulent à fond, qu'ils y restent, ils y sont bien. Nous avons la modestie de croire d'ailleurs que nos secours seraient trop peu efficaces.

Nous ne prétendons pas nous res-
treindre en des bornes si étroites que
les gloires à venir ne puissent trouver
place sur notre liste; loin de nous la
pensée d'être exclusivement du présent : ce serait folie! Le travail que
nous entreprenons est pénible et long;
autour de nous, nous *entendons
pousser* une génération de jeunes
talens auxquels il ne manque plus
qu'un peu de patience et la sanction
du temps ; avant la fin de notre
œuvre, bien des bourgeons auront
porté des fruits que nous pourrons
cueillir. De nos jours on obtient vite
la Gloire ; en un tour de main parfois
cela est fait, mais souvent aussi elle
disparaît plus vite encore, tant elle
est éphémère! nous saurons nous te-

nir sur nos gardes, et ces météores là ne nous éblouiront pas.

Nous avons cru devoir expliquer la pensée qui nous guide ; on sait ainsi par avance qui nous sommes, où nous voulons aller. Nous jouons franc-jeu.

Les noms des grands Artistes sous le patronage desquels nous nous présentons, nous assurent les sympathies du public; si le succès vient couronner nos efforts, ce sera une victoire de plus qu'ils auront remportée.

L. Xavier Eyma, Arthur de Lucy.

ÉCRIVAINS ARTISTES VIVANTS FRANÇAIS ET ÉTRANGERS,

INSTRUMENTISTES.

Alexandre Batta.

Tant pis pour ceux qui n'auraient pas déjà vu un jeune homme de moyenne taille, pâle et blond, aux cheveux longs et bouclés, à l'œil bleu et mélancolique, monter hardiment, tant il est sûr du succès qui l'attend, sur une estrade au milieu d'un nombreux et brillant auditoire ; tant pis pour ceux-là, disons-nous, parce que s'ils ne l'ont pas vu ainsi, ils n'ont pas entendu un des plus merveilleux instrumens qui ait jamais frémi sous les doigts d'un musicien, ils ne savent pas encore tout ce qu'il y a de puissance et de magie dans un archet!... Ce jeune homme est Alexandre Batta, l'artiste bien-aimé du public, l'enfant gâté de cette foule élégante, riche, intelligente, qui se presse dans Paris et réserve toujours pour les nobles cœurs et les grands esprits, la plus belle part de ses sympathies et de ses applaudissemens.

Alexandre Batta est né à Maëstricht le 9 juillet 1816. Par sa mère il tient à une des plus anciennes familles de la Flandre ; son père, artiste distingué, fut son premier maître. Il est curieux d'observer quels obstacles a eu à vaincre notre célèbre violoncelliste avant que d'arriver à mettre la main sur ce bienheureux instrument d'où il fait découler aujourd'hui tant de poésie et de ravissante extase. M. Batta qui, par son talent de professeur, s'était assuré une honorable aisance, fit d'énormes sacrifices pour donner à Alexandre une éducation distinguée ; mais tout en ne négligeant pas de semer en lui les premiers germes de l'art, il ne songeait guère à en faire un musicien. Cette éducation était celle d'un homme du monde, et le jeune Batta obtenait à son collége des succès de toute sorte : histoire, littérature, mathématiques, langues anciennes, il étudiait tout avec une ardeur infatigable; il avait acquis et a conservé encore un charmant talent en peinture.

Mais au fond de son cœur chantait une divine musique. C'était là le rêve merveilleux de son ame, beau rêve plein d'éclat et de splendides illusions, à travers lequel brillait comme un magnifique soleil la Gloire entourée de la Fortune et des honneurs. Oh! certes, il faut soi-même avoir fixé les yeux sur ce prisme éblouissant; il faut soi-même avoir senti sa pensée s'élever par degré jusqu'aux régions les plus infinies pour comprendre ce qu'un artiste doit éprouver d'amertume et de douleur à retomber lourdement sur la terre et voir s'en aller une à une toutes les belles espérances de son cœur. Pauvres ames que vous souffrez alors !

Batta a passé par toutes ces épreuves.

D'abord il prit fantaisie à son père de lui enseigner le chant, et comme cette organisation était avant tout musicale, à quatre ans il solfiait déjà d'une manière remarquable; ses deux autres frères étaient tenus aux mêmes leçons, et M. Batta enfermait ses trois enfans séparément, l'un à la cave, l'autre au premier étage, le troisième au grenier, et pendant des heures entières, ces petites voix parcouraient tant bien que mal les notes de la gamme. Alexandre, bientôt, se dégoûta profondément du chant, et à l'âge de sept ans, il fut *condamné* au piano *forcé* qu'il étudia pendant quatre ans sans montrer la moindre disposition. Ce fut à cette époque qu'Alexandre entendit le célèbre violoncelliste Platel qui, plus tard, devint son professeur. Les yeux pleins de larmes l'enfant fut

supplier son père de lui laisser travailler
instrument qui l'avait exalté sous l'archet
du grand maître; mais laissons parler Batta
lui-même dans une courte notice sur Platel
qu'il adressa l'an passé à son ami Berlioz
dans le *Journal des Débats*.

— « Hélas ! c'était le violon, dit-il, qui
vint à m'écheoir dans le partage fait au hasard entre mes frères, mes études étaient
déjà commencées quand un violoncelle entra dans la maison : c'est à mon plus jeune
frère qu'il était destiné. Les chants révélateurs de Platel me poursuivaient jusque
dans mon sommeil, et le jour, quand mon
père était sorti, craintif comme un voleur,
j'allais avec mon archet de violon essayer
les mélodies de Platel sur le précieux
instrument qu'une ordonnance paternelle
avait inféodé à mon frère. »

Un jour que M. Batta entra avant que le
petit révolté ait eu le temps de cacher le violoncelle, il s'arrêta à la porte, écouta et

trouva que Joseph faisait de grands progrès; mais quel fut son étonnement de voir l'instrument entre les mains d'Alexandre. Décidément il y avait en lui une vocation bien déterminée. Vous comprenez que, quelques semaines après, Batta apprenait le violoncelle d'abord sous la direction de son père, puis peu de temps après, il entrait au conservatoire de Bruxelles dans la classe de Platel ; sous un pareil maître, il le dit lui-même, on faisait de rapides progrès, nous ajouterons, surtout avec une organisation comme la sienne. Ses progrès furent en effet si rapides que huit mois après, à onze ans, Alexandre jouait déjà, et avec succès, en public. C'est à cette époque que se rapportent deux anecdotes assez curieuses.

Platel était d'une santé si débile, qu'il lui était souvent impossible d'aller dans les salons où il était prié. Un soir, au moment de se rendre chez le ministre de Prusse, Platel fut obligé de se mettre au lit; il appela son élève bien-aimé et lui dit :

— Petit, va-t-en jouer à ma place, tu diras que tu viens de ma part.

Vous voyez d'ici le désappointement, l'étonnement de toutes ces belles dames et de ces grands seigneurs. L'enfant mouillé par la pluie, crotté, essoufflé, fut d'abord arrêté dans l'anti-chambre par les laquais qui le voulurent chasser malgré ses cris qui arrivèrent enfin jusqu'au maître.

— Que voulez-vous, mon enfant ? lui demanda le ministre.

Je suis le petit Batta, et je viens jouer à la place de M. Platel qui m'envoie.

Les éclats de rire accueillirent le pauvre enfant tout intimidé et qui ne cessait de répéter naïvement :

— Je suis le petit Batta.

Enfin on l'introduisit ; et après tout, se dirent les assistans, si Platel l'envoie c'est qu'il est capable de jouer. — Il s'agissait tout simplement de l'exécution du fameux quintette de Beethoven, *l'Orage*. Alexandre n'avait pas joué dix lignes que des bravos éclatèrent, et de Bériot, stupéfait de l'énergie avec laquelle il exécutait sa partie, le saisit dans ses bras et le couvrit de baisers en lui disant :

— Tu seras un très-grand artiste.

Jamais prédiction ne s'est mieux réalisée, et aujourd'hui une étroite amitié unit ces deux hommes.

Platel vieux et malade, ne sortait guère d'un petit cabaret ayant pour enseigne : *Aux Trois Harengs*. C'est là que le plus souvent, il donnait des leçons au petit Alexandre, dans une salle noire et enfumée, au milieu des buveurs émerveillés, ce dont le propriétaire se trouvait bien, et un peu au détriment des musiciens ambulans qui se plaignaient fort de la concurrence.

C'est ainsi que peu de temps auparavant, Platel, pensionnaire dans un hospice, faisait travailler son élève au milieu d'un auditoire sœurs de charité, qu'une musique un peu mondaine aurait pu jeter dans le chemin de l'enfer si elles n'avaient pris soin de faire tourner leur plaisir à la plus grande gloire de sainte Cécile. C'est à ces leçons données au cabaret que se rapporte une seconde anecdote que voici :

Alexandre, par un jour de pluie, avait déposé sa basse pour l'abriter dans une maison en construction ; le soir, quand il vint reprendre son instrument, les maçons ne consentirent à le lui rendre qu'à condition qu'il jouerait un morceau. Force fut d'en passer par le traité. Voici que les maçons improvisent une estrade au moyen d'une large pierre de taille, puis l'enfant s'y installe et commence un concerto au milieu de cette compagnie d'ouvriers qui l'entourent, emplissant l'air de longs cris et de longs bravos. L'autorité croit à une émeute ; la garde accourt, et... ma foi, Orphée n'en fit pas plus!... La garde se met au port d'armes, écoute et applaudit aussi bruyamment que les prétendus émeutiers. Le morceau une fois exécuté, quatre vigoureux gaillards s'emparent de l'enfant, le chargent sur leurs épaules et, suivis du reste de la bande, escortés de la garde, le portent en triomphe jusque chez lui et le déposent couvert de plâtre sur le seuil de la maison. M. Batta qui, depuis longues heures, attendait son fils pour jouer un quatuor de Beethoven, selon son habitude de chaque soir, n'eut garde de gronder le retardataire et le reçut à bras ouverts.

Ces triomphes d'enfant ont été sanctionnés par le temps.

A douze ans, Alexandre parcourait les principales villes de la Belgique et de la Hollande, avec ses deux frères. De retour à Maëstricht en 1829, il fut reçu aux portes par les principaux habitans qui lui firent cortége, et le jeune virtuose trouva chez lui et tout le long de sa route des orangers et des fleurs de toutes sortes; même cérémonie au départ.

lexandre donna deux concerts; et l'enthou-
iasme fut si grand qu'il sortit de la salle
resque sans habit; c'est à qui en voulait
rracher un morceau. Les autorités munici-
ales lui offrirent un banquet pendant lequel
n chœur de jeunes filles entonna tout à coup
n hymne composé en l'honneur du jeune
ôte; et à la fin du repas, une charmante
ain blanche vint lui poser un couronne de
auriers sur la tête. A Maëstricht encore,
uit ans après, un nouveau triomphe l'atten-
lait. La ville était assiégée et il était défendu
 tout individu étranger d'entrer dans les
urs. Batta se trouvait aux environs de
Maestricht; quelques personnes influentes
e rendent auprès du général-commandant
t lui demandent entrée pour Batta; sur son
efus, il y a presqu'une émeute, car cette
fois c'est la population entière qui demande
à grands cris son enfant; le général fut forcé
de céder. Batta entra pour ainsi dire d'assaut
dans sa ville natale, plus fier qu'un conqué-

rant, couvert de tous les lauriers amassés depuis dix ans, et il entend par les rues murmurer ces mots qui sonnent si flatteusement à l'oreille de qui cherche la popularité : — « *C'est lui ! c'est Batta !* » Otez le *monsieur* à nn nom, et ce nom a droit de popularité. C'est le sceau de la gloire.

A quatorze ans, Batta avait été nommé répétiteur de la classe de violoncelle au Conservatoire de Bruxelles, alors sous la direction du prince de Chimay qui fut un des premiers à deviner son talent. A dix-sept ans enfin, il obtient le prix de violoncelle, et Paris le reçoit en 1854. Nul écho ne nous avait encore apporté le moindre bruit de sa réputation, et pourtant dès le premier concert qu'il donna, le succès fut immense, tant on reconnut aussitôt les magnifiques qualités de son talent; et depuis, quelle vogue ! quelle renommée ! Qui n'a recherché avec ardeur la moindre occasion d'entendre quelques uns de ces admirables accords dont il

...ble avoir seul le secret; et qui de nous
...l'a applaudi avec cet entraînement que
...te poésie arrache au cœur !
...Peu de temps après son arrivée à Paris,
...tta partit brusquement pour Bruxelles afin
...ller recueillir le dernier soupir de son bon
...ux Platel; seul il se trouva au chevet du
...ourant, et il y eut entre le maître et l'é-
...e une scène déchirante. Platel légua à son
...ne ami un dernier concerto qu'il avait
...mposé dans un accès de fièvre, il le retira
... dessous son oreiller quelques minutes
...ant de fermer les yeux et saisissant le bras
... son élève avec transport:
— Tu vois ce morceau, dit-il, personne
...en a eu connaissance; c'est un secret, car
...est ici, sur mon lit de mort que j'y ai mis
... dernière main, j'y ai consacré bien des
...illes, mais il ne sera entendu de personne !
...nserve le bien religieusement, comme un
...écieux souvenir de ton bon vieux maître....
La parole lui manqua au milieu de ces

épanchemens d'amitié, et il s'éteignit, o[n]
peut le dire, dans l'harmonie comme il y avai[t]
vécu.

Ce manuscrit est tombé entre nos mains[,]
il est bien raturé, bien noir, bien sale, si o[n]
reconnaît facilement que c'est une main mo[-]
ribonde qui en a tracé les dernières pages[,]
on ne peut disconvenir que c'est la pensé[e]
d'un grand musicien qui a passé par là. Pla[-]
tel, est d'ailleurs au dire de tous ses élève[s]
un des plus grands intrumentistes qui aien[t]
jamais tenu l'archet en main. Nous ne pûme[s]
nous empêcher de sourire en ouvrant le pre[-]
mier feuillet du manuscrit en question d[e]
voir pêle mêle un beau milieu de dièzes, d[e]
bémols, de soupirs et de rondes, des compte[s]
de déjeuners et de blanchisseuse; *lait 5 sols[,]
pain 4 sols (à payer)* etc., etc.

Mais laissons là Platel et remettons nou[s]
en route avec Batta, qui de retour à Pari[s]
donna plusieurs concerts auxquels se son[t]
toujours associés nos plus grands artistes, [

…éorti, Thalberg, Rubini, Lablache, tous les …aliens. En 1857, il donna avec Litz quatre …oirées qui eurent un immense retentisse…ent et dans lesquelles on entendit pour la …ernière fois à Paris, ce pauvre Nourrit. …'an passé, Batta fit un voyage à Londres …ù de nouveaux triomphes l'accueillirent; …essieurs les Anglais (chose rare en matière …usicale!) ont fait leur devoir.

Depuis son enfance Alexandre Batta a tou…urs professé un amour passionné pour les …rands compositeurs; Beethoven, Hayden, …ozart, Gluck, sont ses dieux et ses maîtres …vant tous; ce n'est pas le moindre éloge que …ous puissions faire de lui que de dire que …mais il ne s'est laissé gagner par le mau…ais goût de la musique légère; nous avons …éjà dit avec quel soin son père avait incrusté …n lui ces germes sérieux, en forçant chaque …ur ses enfans à exécuter avec lui la musi…ue des grands maîtres que nous citions plus …aut.

Chaque année les salons de Batta sont le rendez-vous de tout ce que Paris compte d'hommes distingués dans les arts, qui y viennent tous les quinze jours entendre quelques unes des belles pages de Beethoven qui ne pouvait trouver un plus digne et plus noble interprète. Cette admiration reconnue du jeune virtuouse pour la musique sévère donne un grand poids dans le monde à ses opinions, aussi a-t-il à notre connaissance, ramené bien des gens à apprécier comme il le mérite le beau talent de Berlioz.

Batta a composé, sur les opéras les plus en vogue, plusieurs fantaisies qui se distinguent par la grâce de la mélodie et l'originalité de la forme, et quelques morceaux de chant d'une facture large et pleine de mélancolie.

On n'exigera pas, nous l'espérons, que nous analysions une à une toutes les précieuses ressources du talent de Batta; on les

...naît assez, et à l'heure qu'il est, son nom... tout.

Alexandre a deux frères : Laurent, pia... te déjà distingué et qui marche à une bril... te réputation, et Joseph qui vient d'ob... ir le premier prix de composition. Tous ...ux suivent les mêmes voies que leur ...é, ayant passé par les mêmes études sé... ...uses.

Quelle couronne est plus belle que celle ...i rayonne aujourd'hui au front de ce ...une artiste ! couronne tressée de fleurs, ...ouillée des larmes qu'il arrache à tous les ...ux ! en même temps qu'il fait éclore ...r les lèvres des plus gracieuses femmes ... charmans sourires qui rivalisent d'éclat ...ec les fleurs que leurs blanches mains lui ...ttent.

— Qui ne vivrait heureux avec cela?...

Prix : **25** centimes.

ÉCRIVAINS ET ARTISTES VIVANTS,

FRANÇAIS ET ÉTRANGERS.

BIOGRAPHIES AVEC PORTRAITS.

PAR

X. EYMA ET A. DE LUCY.

2ᵉ LIVRAISON.

PEINTRES

Eugène DELACROIX.

> Souvenez-vous que pour arriver à quelque chose, il ne suffit pas de beaucoup travailler, il faut trop travailler.
>
> (P. D.)

Paris
AU BUREAU DU JOURNAL OUTRE-MER
2, Rue Grange-Batelière,
ET CHEZ TOUS LES LIBRAIRES.
1840.

IMPRIMERIE D'AMÉDÉE-SAINTIN,
38, rue Saint-Jacques.

EUGÈNE DELACROIX.

ÉCRIVAINS ET ARTISTES VIVANTS

FRANÇAIS ET ETRANGERS.

PEINTRES.

EUGÈNE DELACROIX.

> data fata secutus.
> VIRGILE.

La Peinture, dans son appréciation la plus vulgaire et la plus servile, n'est que l'art de copier fidèlement la nature telle quelle est, quelle qu'elle soit.

L'esprit de la peinture proprement dite, est d'anoblir et de réhabiliter la matière, tout en respectant les lois de la nature.

Dans le premier cas, le peintre n'est qu'un

manœuvre plus ou moins adroit, dans le second, il est tenu d'avoir du génie, les nuances intermédiaires établissent le talent.

Selon nous ce n'est pas dessiner que reproduire le plus exactement possible une laideur quelconque; la parfaite imitation d'un torse plein d'anfractuosités, d'un ventre difforme et de deux jambes cagneuses, ne constitue pas le dessin à nos yeux. Un peu plus ou un peu moins d'irrégularité dans le trait n'empêche pas que vous ayez fait un monstre.

Le travail est plus âpre pour le peintre qui a continuellement en vue une perfection qu'il ne peut définir, vision fugitive, fantôme insaisissable, dont il a entrevu les formes et dont il s'efforce en vain d'arrêter les contours.

Sous la réalité brute qui lui sert de modèle, il cherche à découvrir la ligne rêvée; il ne copie pas, il recompose. Quelle lutte et quelle angoisse! s'il s'écarte un peu à droite, il retombe dans le trivial, s'il donne à gauche, il poétise un membre au détriment des autres, s'il veut les mettre tous en harmonie, les proportions de la ligne lui échappent encore et il se retrouve au même point de départ.

C'est que la ligne habite des régions tellement élevées qu'on la sent, mais qu'on ne peut la voir ; c'est qu'elle fait le désespoir de tous ceux qui l'ont devinée et qui se sont évertués à la poursuivre, à tel point que dans leurs invocations ne sachant quel nom donner à cette maîtresse adorée, ils l'ont appelée le *beau idéal !*

Lorsque le Fils de Dieu descendit sur la terre, il voulut naître obscur et pauvre, mais non pas bossu et boiteux ; les traditions nous rapportent au contraire qu'il était parfaitement beau, que toute sa personne respirait un air de noblesse et de dignité qui imposait aux grands de la terre et disposait merveilleusement le peuple à l'écouter. Jésus-Christ venait pour servir d'exemple au monde, aussi avait-il réuni en lui tous les attributs de la majesté, mais de la majesté simple et non orgueilleuse. En se faisant homme il avait divinisé la nature humaine.

Sous ce point de vue le Christ nous semble le symbole incarné de la peinture.

C'est donc cet amour constant, cette recherche patiente et infatigable du beau idéal qui caractérise le grand peintre, comme aussi le grand poète et le grand musicien dans leurs données respectives.

Après le XVIIe Siècle qui s'éteignait dans une nonchalance et un laisser-aller tout-à-fait digne de la pastorale; après le XVIIIe qui par une réaction un peu outrée avait pris les allures de l'héroïde, et à force de vouloir remonter aux sources primitives de l'art, se passionnait pour la statuaire en peinture, il appartenait à notre siècle, qu'on pourrait appeler le siècle des rêveurs, de briser le joug des écoles, d'interroger une à une toutes les gloires passées pour établir entr'elles une équipondération lumineuse, et de chercher le vrai partout ou il pourrait se rencontrer, sans distinction de temps, de lieu, ni de bannière.*

Beaucoup se sont égarés dans cette voie tortueuse, beaucoup se sont arrêtés, croyant qu'ils avaient touché le but, combien peu en ont approché! quand nous parlerons de M. Ingres, nous verrons comment il opposa une digue heureuse à ce débordement tumultueux qui menaçait les destinées de l'art.

Parmi cet essaim de jeunes initiés dépourvus pour la plupart de boussole et errant au hasard, on vit tout-à-coup surgir une intelligence nouvelle qui grandit tout d'abord et éclipsa bientôt les autres.

M. Eugène Delacroix venait de se révéler. Lui, il avait une croyance, une étoile, un but, *data fata*.

Hardi mais consciencieux, téméraire, mais fier de son idée, original, mais toujours

---

* Ce préambule est extrait d'un ouvrage inédit d'un des auteurs de ces biographies, il a pensé que ce morceau trouvait naturellement sa place ici.

noble, le jeune homme souleva dès son début d'aigres discussions et de malveillantes susceptibilités. Il avait voulu innover tout était dit ; les réputations caduques et les rivalités haineuses, peur et jalousie ! se déchaînèrent contre lui et le sommèrent de rentrer dans le devoir. M. Delacroix persista. La persévérance et la conviction sont toujours deux choses fort honorables, aussi le peintre se consola-t-il en pensant qu'il était compris ailleurs, et qu'il comptait des approbateurs désintéressés.

Nous voudrions entrer ici dans quelques détails sur la nature du talent de M. Delacroix, et nous livrer à une étude raisonnée de son système et de ses tendances; nous analyserions nuance par nuance, toutes ses qualités, tous ses défauts; les phases diverses de sa laborieuse carrière d'artiste passeraient successivement sous nos yeux, pour être examinées, discutées, jugées. Nous comparerions le peintre avec lui-même, puis avec les autres, et cette comparaison peut-être ne serait pas avantageuse à beaucoup de ses antagonistes les plus hautains et les plus dédaigneux.

Mais nous devons rester fidèles aux lois sévères que nous nous sommes tracées, et nous sommes obligés de décliner nous mêmes notre compétence, toutes les fois qu'il s'agit de dissertation et de critique. Un autre se chargera d'apprécier et de conclure. Pour nous, de gré ou de force nous resterons emprisonnés dans le cercle de nos attributions et nous nous bornerons au rôle plus modeste de simples conteurs.

Eugène Delacroix est né à Charenton-Saint-Maurice, le 7 floréal, an VII (26 avril 1799), année féconde en événemens comme chacun sait. Un Français quelconque né malin et tant soit peu prophète avait envoyé aux membres du Directoire, sous la forme ingénieusement allégorique de *rebus*, une lancette, une laitue et un rat. Ce qui signifiait tout simplement *l'An* VII *les tuera*. Le premier Consul alors en Égypte, se permit de deviner l'énigme, et se mit en route pour réaliser la prophétie qui ne se vérifia pourtant que l'année suivante, aux journées du 18 et 19 brumaire.

Charles Delacroix, père d'Eugène, avait été ministre sous ce même Directoire en 96 et 97; pendant deux ans, il tint entre ses mains le portefeuille des relations extérieures. On ne jugea digne de lui succéder que M. Talleyrand, qui revenait alors de l'émigration. A sa sortie des affaires, l'ex-ministre fut successivement nommé préfet de Marseille, puis préfet de Bordeaux, où il mourut sous l'Empire; le jeune Delacroix avait alors cinq ou six ans.

Il y a des hommes marqués en naissant du sceau d'une fatalité opiniâtre, qui doit les accompagner dans toutes les périodes de leur existence. Du jour, où ils appartiennent à la vie, ils appartiennent à la lutte.

Une mystérieuse influence, tantôt mauvaise, tantôt protectrice, enveloppa Eugène Delacroix dès le berceau, et se manifesta par d'assez claires révélations.

Un jour que sa nourrice le conduisait à la promenade, le hasard amena à leur rencontre un homme en proie depuis quelque temps à une aliénation mentale. Il cheminait un peu à l'aventure suivant que ses jambes avaient la fantaisie de le mener par ici où par là; il s'en allait tranquillement, philosophant avec lui-même, parlant tout haut et apostrophant sans doute d'invisibles interlocuteurs avec lesquels il avait engagé une conversation très animée.

Son œil errant et égaré effleura d'abord avec insouciance le visage de l'enfant qui le regardait d'un air étonné, puis, comme si une réflexion inattendue fût venue intérieurement l'illuminer, il reporta soudain ses yeux sur cette frêle nature et se prit à l'examiner avec attention. La nourrice allait passer outre, quand le pauvre insensé l'arrêta brusquement par le bras afin de continuer à loisir son inspection physiologique; abîmé dans cette absorption contemplative, il n'entendait pas les énergiques protestations de la nourrice, qui le sommait de la laisser passer; il était tout à son étude; aucun trait, aucun détail de la jolie petite figure qu'il avait devant lui n'échappait à l'anatomie intellectuelle qu'il lui faisait subir.

La robuste normande (toutes les nourrices sont réputées normandes) de plus en plus effrayée, et s'imaginant qu'elle avait affaire tout au moins à un ogre que la chair délicate de son nourrisson avait alléché, puisqu'il le considérait avec des yeux si pleins d'appétit, se mit à crier et à gesticuler; l'enfant lui, souriait à l'ogre et lui tendait ses petits bras ; victime parfaitement devouée il allait au-devant du sacrificateur, on eût dit qu'il pressentait d'avance les paroles qui allaient sortir de la bouche du grand-prêtre. Ils s'étaient compris tous les deux par je ne sais quelle sympathie secrète.

Or savez-vous quelle sorte d'oracle rendit le moderne Appollon Pythien (j'aurais mieux aimé dire *Thymbrœus.*) Il prédit à l'enfant une grande destinée, mais une vie agitée, hérissée de labeurs et cruellement éprouvée par des controverses.

Il est rare que de pareilles consécrations ne portent pas leurs fruits ; trop d'exemples en font foi.

Voilà donc M. Eugène Delacroix inscrit sur la liste de ceux que le ciel a prédestinés. Aussi comme son enfance va être horriblement balottée ! Dans la même année les accidents les plus fatals se multiplient coup sur coup.

Un domestique de la maison de son père, prend le petit Eugène sur ses bras et va se promener sur le port de Marseille. Par un malencontreux hasard, le pied vient à lui manquer, il tombe avec l'enfant dans un de ces vastes bassins remplis de navires de toute espèce. Le danger est grand pour tous deux; le domestique qui sait un peu nager, met toutes ses ressources à son propre service et se tire d'affaire le plus égoïstement possible; c'en est fait du jeune Delacroix. L'eau du bassin est épaisse et saumâtre, il se débat avec désespoir entre cinq ou six gros navires qui d'un moment à l'autre peuvent le broyer entre leurs flancs redoutables pour peu qu'une cause inattendue leur imprime un mouvement quelconque. Mais un matelot vient d'apercevoir le pauvre enfant, il se précipite dans les flots et sauve cette précieuse existence.

Une autre fois c'est le feu qui est déchaîné contre elle, c'est le feu qui envahit le berceau où l'enfant repose endormi; le feu qui l'embrasse dans ses replis, le mord, le déchire et cherche à l'étouffer dans une ardente étreinte. Il n'y a d'autre salut pour lui que dans un miracle, le miracle arrive à son heure. Mais déjà la flamme a sévi sur ce faible corps, elle lui a imprimé le stygmate d'un ineffaçable baiser et M. Delacroix porte encore aujourd'hui les traces de cette affreuse catastrophe.

Ce n'était pas encore assez; voici qu'à quelques jours de là, par je ne sais quelle incroyable imprudence l'enfant se trouve empoisonné par du vert de gris qui servait à laver des cartes. Il échappe une troisième fois à la mort. Combien d'individus à sa place eussent succombé à tant de chances de perdition si souvent ramenées; mais la providence veillait sur lui, elle combattit sans relâche la puissance ennemie qui s'acharnait à le poursuivre et gagna la bataille.

Engène Delacroix entre au collége, il y puise une éducation brillante et solide, son imagination avide et toujours préoccupée, aimait à plonger au fond de tous les sujets pour demander à chaque chose son mot et son pourquoi. Mais au milieu des fortes et substantielles études auxquelles ils se livrait, il caressait un songe, le plus beau, le plus grand de tous les songes de sa jeunesse, il voulait être peintre.

La peinture comme la poésie n'apparaît-elle pas pour la première fois à la pensée de ses amants, sous l'espèce d'une belle femme adorée sur la terre ou rêvée dans les cieux? souvenir d'une image réelle et passagère, ou reflet d'une immortelle abstraction, en quel plus charmant symbole peuvent donc se condenser les vagues aspirations d'un jeune homme? La peinture, la poésie et la musique sont femmes! chacun leur prête en particulier le type de beauté que son cœur a choisi ou que son âme a deviné.

A dix-huit-ans, M. Delacroix devient l'élève de Guérin sans que sa vocation ait à surmonter aucun obstacle de la part de sa famille.

A quelques années de là, c'était au salon de 1822, un jeune homme parfaitement inconnu exposait sa première œuvre aux regards de la foule : il avait pris le Dante pour son héros.

A cette heure même, un autre jeune homme tout aussi ignoré débutait dans les journaux. Le premier tableau du jeune peintre fut le sujet du premier article du jeune écrivain.

Le peintre était M. Eugène Delacroix.

L'écrivain, M. Thiers.

Dès-lors une noble sympathie rapprocha ces deux hommes et leur fit concevoir l'un pour l'autre une amitié qui dure encore. Tous deux ont passé par toutes les vicissitudes d'une carrière orageuse, tous deux ont grandi dans la lutte et par la lutte, mais l'un est arrivé au but, il a atteint le terme de toutes les espérances probables, et l'autre est toujours en proie au désir.

Ce premier tableau fut beaucoup loué et beaucoup critiqué ; mais comme il laissait la critique dans l'incertitude sur la manière de voir ultérieure du peintre, on attendit pour se prononcer. Le massacre de Chio vint rompre la glace. Un haro terrible s'éleva de tous les côtés. La voix des défenseurs fut couverte par un *tolle* général ; M. Delacroix fut déclaré schismatique et par conséquent indigne d'entrer dans le sanctuaire.

Il y rentra cependant encore plus d'une

fois par la force des choses. Mais toujours harcelé, toujours inquiété, toujours blessé par l'amputation d'une ou de plusieurs de ses œuvres. A l'exemple de ces pélerins qui laissaient leurs sandales à la porte et entraient pieds nus dans le temple, on l'aurait volontiers reçu débarrassé de tout son bagage d'artiste, afin qu'il put se mettre à étudier sans doute les hautes productions de ses juges.

Les bonnes rancunes et les ardentes inimitiés datent pour le peintre, du massacre de Chio, mais l'apparition du Sardanapale eut un côté plus sérieux : M. de Larochefoucault, qui dirigeait les beaux-arts, crut devoir donner quelques conseils à M. Delacroix, pour le détourner de la voie dans laquelle il s'était volontairement engagé. Celui-ci fit des objections, M. de Larochefoucault le sermonna longuement s'attachant à lui démontrer que ses doctrines en fait d'art étaient tout-à-fait subversives, mais il avait affaire à un entêté, qui au milieu des questions et des reponses que M. le directeur s'adressait victorieusement à lui-même, fit un grand salut et s'éloigna avec beaucoup de calme. C'est chose difficile et peu raisonnable que de vouloir forcer un homme à changer brusquement le cours de ses idées et à abdiquer les tendances de toute sa vie. C'est travailler à lui faire perdre sa force, sa verve, son individualité. Prenez l'artiste tel qu'il est et jugez-le ; il est aussi grand par ses défauts que par ses qualités. Un homme sans défauts est presque toujours un homme médiocre ou un être nul.

A partir de ce moment, M. Delacroix fut mal noté dans l'esprit de M. de Larochefoucault qui jouissait d'une grande influence.

Le peintre tomba dans une défaveur de plus en plus marquée, il fut oublié chaque fois qu'il y eut des travaux à exécuter pour le gouvernement. La liste civile l'avait mis à l'index; la disgrâce était formelle.

Fatigué de tant de labeurs qui ne portaient d'autres fruits que la persécution, M. Delacroix entreprit un voyage à Maroc en 1832.

Il obtint une mission du roi et partit avec M. de Mornay.

De nouveaux sites à examiner, de nouveaux détails à analyser, des mœurs et des populations nouvelles à étudier, et puis l'air, le mouvement, la distraction, tout cela contribua à rasséréner ses idées un peu assombries, il revint plus fort que jamais, il revint pour trouver un appui !

M. Thiers était ministre de l'intérieur.

Les travaux de la Chambre des Députés, furent livrés à M. Delacroix.

Tout le monde sait comment il s'acquitta de cette tâche longue et pénible. Le peintre et le ministre eurent encore une fois raison.

Une ère nouvelle commença pour M. Delacroix. Il s'était victorieusement posé, il avait enfin conquis un piédestal, il se vit admiré, et ce qu'il y a de mieux, c'est qu'il le fut consciencieusement. Cette page magnifique qu'il a inscrite sur les murailles de la chambre des Députés est son plus beau titre de gloire, comme aussi le moins contesté.

Ces travaux commencés en 1854, furent terminés en 1857.

Le Pont de Taillebourg, tableau commandé pour le musée de Versailles, fut exposé dans le courant de la même année.

Puis vint la *Médée* en 1858. *

Cléopâtre, *Hamlet* parurent en 1859.

Enfin cette année tout le monde a pu voir dans le salon carré, la grande toile représentant la *Justice de Trajan*.

Ces différens tableaux sur le mérite desquels le public et les artistes se sont déjà prononcés, ont apporté à l'artiste sa récolte

---

* Ce dernier tableau fut acheté par M. le duc d'Orléans.

ordinaire d'amertumes et de vexations. M. Delacroix n'entre pas comme il veut au Louvre, il est toujours cavalièrement rudoyé à la porte et trop souvent éconduit. L'intolérance qui n'est plus du tout dans l'esprit de la critique moderne, trône à son aise parmi les membres antiques du Jury d'exposition; par cela même qu'en vieillissant elles se font de jour en jour plus impuissantes, les rivalités s'aigrissent et n'en deviennent que plus sourdes et plus implacables.

M. Delacroix a quelquefois quitté le pinceau pour le crayon. Il fut chargé d'illustrer une remarquable traduction de *Faust*, par M. Albert Stapfer, publiée en 1828. L'énorme in-folio arriva entre les mains de Gœthe. En voyant que c'était la traduction de son livre bien aimé, le grand poète laissa échapper un soupir de tristesse et de découragement. Tant d'écrivains, tant de peintres avait déjà dénaturé ses œuvres en croyant les reproduire !

— Ah ! mon pauvre enfant s'écria-t-il comment t'auront-ils arrangé aujourd'hui?

Et avec une sollicitude toute paternelle, il se mit à parcourir les feuillets de l'ouvrage. Mais bientôt son front se dérida, son visage prit un air de satisfaction, il était content, il reconnaissait ses idées, il souriait aux personnages de sa création.

— Voilà bien le docteur Faust!... oui c'est Méphistophelès......

— Ah! la pauvre Marguerite!

Avoir bien compris Gœthe, de l'aveu de Gœthe lui-même, ce n'est pas déjà si mal!

Le Sanglier des Ardennes, esquisse empruntée par lui, à Walter-Scott passe aussi dans l'opinion des artistes, comme une belle et bonne production.

M. Delacroix n'est pas seulement peintre, c'est encore un homme profondément lettré.

Poète avant tout, il s'est toujours complu à lire et à étudier les poètes; esprit rêveur et tourmenté, il a recherché avec ardeur la société de ses frères, et a toujours aimé à tremper les ailes de son inspiration dans les sources les plus pures et les plus élevées de la littérature. Quelques articles qu'il a publiés sur l'art, dans certains journaux spéciaux et notamment dans l'Artiste et la Revue de Paris, sont écrits avec une grande limpidité de style et dénotent chez leur auteur une haute portée de raisonnement.

Beaucoup de personnes pourtant pensent qu'il a le cerveau tant soit peu à l'envers à cause de l'opiniâtreté qu'il met à poursuivre un système en peinture. M. Delacroix s'amuse beaucoup de cette idée.

— Ce n'est pas étonnant dit-il en riant, je suis né à Charenton et mon horoscope a été tiré par un fou.

Allusion plaisante à la singulière rencontre qu'il fit à Marseille dans son enfance.

On a reproché à l'artiste d'être incorrect,

de peu travailler son dessin, de jeter trop de confusion parmi ses personnages, de poser trop près les uns des autres mille tons différens dont les nuances sont criardes, ce qui forme un papillotage désagréable à l'œil; d'un autre côté on le vante comme un grand coloriste le premier, le seul de notre époque.

Quel que soit le jugement qui sera porté plus tard sur M. Delacroix dans le silence des passions, nous croyons qu'il y a en lui une qualité que personne ne songera jamais à lui refuser, c'est l'idée continuellement poétique, c'est la noblesse, l'élévation, vertus qui n'appartiennent qu'aux peintres réellement éminens.

Les travaux de la Bibliothèque du Palais Bourbon sont confiés à M. Delacroix; une vaste composition fermente à l'heure qu'il est dans cette tête féconde; philosophie, sciences, histoire, lettres, toutes ces belles divinités vont prendre un corps sous le pinceau du maître.

Il achève dans ce moment-ci deux petits tableaux dont il a bien voulu nous permettre de voir les ébauches. L'un représente lé Naufrage de Don Juan (2e chant) l'autre une Noce à Tanger. Une grande toile lui a été aussi commandée pour Versailles. C'est la prise de Constantinople, par les Croisés en 1205. Nous verrons probablement tout cela à l'exposition prochaine, à moins que le Jury......

Le Jury a été dénoncé à la Chambre des Députés et c'est justice ! nous n'entreprendrons pas de l'accuser encore, assez de voix éloquentes se sont déjà élevées contre lui. Nous dirons seulement à MM. les Députés : « Vous avez tous les jours devant les yeux les « tableaux d'un des hommes les plus persé- « cutés par le Jury, vous avez pu les appré- « cier comme tout le monde, si ce n'est

« mieux ; croyez-vous que le peintre qui a si
« bien décoré le palais des Représentans du
« peuple français, n'a pas le droit d'entrer
« librement au Louvre ? »

Prix : 25 centimes.

ÉCRIVAINS ET ARTISTES VIVANTS,

FRANÇAIS ET ÉTRANGERS.

BIOGRAPHIES AVEC PORTRAITS.

PAR

X. EYMA ET A. DE LUCY.

3ᵉ LIVRAISON.

COMPOSITEURS.

Gaëtano DONIZETTI.

Souvenez-vous que pour arriver à quelque chose, il ne suffit pas de beaucoup travailler, il faut trop travailler.

(P. D.)

Paris

AU BUREAU DU JOURNAL OUTRE-MER
2, Rue Grange-Batelière,
ET CHEZ TOUS LES LIBRAIRES.

1840.

Le temps nous manquerait, s'il nous fallait dans chacune de nos livraisons entretenir une polémique et répondre à toutes les réclamations ou récriminations qui ont assailli ce pauvre petit livre dès son début; à un seul reproche nous avons fait attention, et de celui-là seul nous allons nous laver complètement. Votre ouvrage nous a-t-on dit est une copie, une imitation de la Galerie des Contemporains illustres *par un homme de rien*. Voici toute l'histoire de ce bien innocent livre. L'un de nous publia dans un journal la biographie d'Alexandre Batta; cette biographie non pas pour son mérite intrinsèque, mais à cause de l'artiste, obtint quelque succès. Ce *l'un de nous* reçut un matin visite d'un éditeur qui lui demanda s'il lui répugnerait d'entreprendre une série de biographies de ce genre? le journaliste accepta l'offre de l'éditeur, et de ce jour une collaboration de cœur et de pensée se forma entre les deux auteurs des *Ecrivains et Artistes vivans*, et voilà comme l'ouvrage vint au monde, sans que nous ayons cherché à nuire ou à porter atteinte à la spirituelle *Galerie de l'Homme de rien*. C'est avoir peu apprécié les biographies de *l'Homme de rien*, que d'avoir voulu trouver dans de faibles esquisses, le moindre point de ressemblance. Le format nous dit-on est le même, le prix à peu près le même, nous n'en disconvenons pas, mais de cela nous ne sommes pas responsables; nous avons livré à l'éditeur, notre pensée, il l'a habillée de l'habit qu'il a jugé convenable, ceci n'était pas de notre compétence Ce que nous pouvons avancer de plus logique en notre faveur pour repousser toute idée de concurrence ou de mauvaise intention, c'est que l'un de nous à fait deux articles sur la *Galerie des Contemporains illustres*, l'autre en a fait un, et les trois articles avaient pour but de recommander chaudement au public ce piquant et remarquable ouvrage. C'est ce que nous n'aurions pas fait, si nous avions songé à tuer une concurrence. Un de ces articles est encore au journal, prêt à paraître ; si nous étions ce que l'on nous a supposé, qui nous empêcherait d'en interdire l'impression ? — Or l'article passera !

DONIZETTI.

ÉCRIVAINS ET ARTISTES VIVANTS

FRANÇAIS ET ÉTRANGERS.

COMPOSITEURS.

GAETANO DONIZETTI.

Non loin de la France, par de là les Alpes, sous un ciel vers lequel de tous les coins du monde un murmure majestueux de douce harmonie et d'admiration monte chaque jour comme un hymne de louanges; sous ce ciel chanté par tous les poètes, il existe une contrée où bien des voyageurs ont gravé l'empreinte de leurs pas cette terre, c'est l'Italie. Si grandes sont les merveilles racontées par ceux qui en reviennent; si tièdes et si calmes sont les nuits, si brillantes les étoiles, si mystérieuses les promenades sur les lagunes, qu'il n'est pas un de nous qui n'ait caressé au fond de son cœur comme un rêve bien cher, l'espérance d'un pélerinage à travers cette terre que poursuivent tous nos vœux, et qui n'ait suivi d'un œil plein de larmes de regrets, un ami qui partait! Italie! Italie! bienheureux qui peut s'asseoir au milieu de tes ruines, baiser la pierre de tes monumens et promener ses sandales dans la poussière de tes chemins!.. Voilà ce que chacun de nous s'est écrié! hélas! et pour combien elle fuit comme un mirage.

Mais quelle puissance a donc ce soleil que tout cœur d'artiste veuille aller se réchauffer à ses rayons? que tant de nobles intelligences soient écloses là-bas! Qu'un chanteur perde sa voix, il franchit les Alpes et la retrouve,

Qu'un poète sente son ame s'éteindre et

se faner, il redemande l'inspiration perdue au ciel de l'Italie, et sous ce ciel les grandes pensées refleurissent en lui !

Le peintre y va chercher la couleur, et sa palette nous révèle les scènes éblouissantes et les riches reflets des colines de l'Italie !

C'est un sanctuaire où les grands génies de vingt siècles sont pieusement enfermés comme les dieux dans le temple. C'est une école où les élèves de tous pays, et leurs maîtres aussi, vont se perfectionner en étudiant des maîtres plus grands qu'eux encore.

Mais il est important d'observer que si cette terre sacrée est une sorte de piscine salutaire où vont se retremper toutes les intelligences malades et fatiguées pour en sortir plus fortes et plus rayonnantes, ou qui ne réclament qu'un peu de son soleil pour s'épanouir au monde, il est important d'observer que toutes, une fois sanctifiées, s'en reviennent parmi nous nous demander un laissez passer pour leur réputation, et soumettre à nos jugemens leurs efforts tentés là-bas. L'Italie est une grande et noble école, mais c'est une école d'où les disciples s'échappent sitôt l'éducation terminée, pour accourir en France y chercher une couronne de gloire, et cela arrive même pour les enfants nés dans ce beau pays, et qui ne vivent pas tranquilles que Paris n'ait sanctionné de son approbation la parcelle de réputation acquise dans leur patrie. Ce sont des lauriers aux quels il faut d'autres cieux pour fleurir dans toute leur majesté.

C'est au sein de l'Italie que nous entrons aujourd'hui pour y prendre un de ces hommes dont le talent s'est popularisé parmi nous, d'abord à l'aide du collier merveilleux de ces compatriotes, puis ensuite par trois ouvrages représentés sur nos théâtres nationaux.

Il est un fait assez digne d'observation, c'est que la plupart des esprits éminens de notre époque, en tous pays, sont nés juste à temps au milieu des tourmentes de la guerre qui avait pour théâtre l'Europe entière, pour qu'ils continuassent dans une route différente, cette période éclatante dont nos armées avaient jeté un si magnifique reflet sur le siècle. Le ciel voulait que du jour où les flammes de la guerre s'éteindraient, les arts fleurissent dans tout leur éclat. Ce n'est pas sans raison que nous ramenons ainsi toutes les gloires étrangères aux gloires de de la France, car la France était alors partout.

C'est donc au bruit du canon, et lorsque les révolutions étreignaient dans leurs serres tant de pays à la fois que vint au monde un des compositeurs dont l'Italie peut à plus juste titre s'énorgueillir.

Gaëtano Donizetti est né à Bergame le 30 novembre 1798. Il avait fait ses études classiques au lycée de cette ville, et son père le destinait au barreau. Rarement vous rencontrerez une famille qui de bon gré ouvre à ses enfans les chemins de l'art, ne bondisse de fureur et ne se désespère lorsque cette naïve confession : — Je veux la gloire! — sort de leur bouche. Alors même le meilleur d'entre les fils se raidit contre la tendresse maternelle, oppose sa volonté à la volonté de son père! Qui a tort? Qui a raison? dans ces pénibles conflits qui ont détruit bien des illusions, empoisonné bien des joies, brisé bien des espérances de famille? Nous comprenons comme la sollicitude des parens doit s'éveiller à de pareils aveux, et ce qu'ils ont à craindre si dans cette prétendue vocation ils reconnaissaient plus tard le vide d'un rêve sans but, un désir éphémère, une source de déboires et d'amertumes. D'autre part, lorsque la conscience et la conviction parlent haut dans le cœur, quand on se sent inhabile à dominer des penchans invincibles et quand on a foi dans l'avenir, il est dur, il est impossible de courber la tête pour se traîner dans un sentier où l'on ne rencontre que ronces et cailloux. A cela que faire? — S'il n'y a pas conviction sincère dans l'enfant, tôt ou tard il se soumet; s'il y a vocation réelle, l'enfant persévère dans sa révolte, quitte à obtenir son pardon plus tard, à l'aide de quelques lauriers. — Cette fois encore vous allez assister à une de ces luttes terribles; mais ce n'est pas en l'honneur de la musique que Donizetti rompit d'abord des lances ; il veut être peintre, il se voue corps et âme à l'étude des grands maîtres ; mais c'était en secret qu'il broyait les couleurs au fond de l'atelier tout en fredonnant des ariettes. De pareils mystères ne se consomment pas long temps dans l'ombre, ils percent bientôt le voile et se font jour. M. Donizetti ne tarda pas à s'apercevoir de la supercherie de son fils; un beau matin, il pénétra dans l'asile et, inexorable comme une tempête, il ravagea toute cette moisson qui commençait à germer; — les couleurs furent mêlées, les pinceaux et les chevalets brisés, les toiles anéanties et avec elles combien de rêves s'évanouirent! Le père comptait sur cet acte de despotisme pour exorciser du cœur de l'enfant le démon de l'art, mais le diable tenait bon.

— Vous ne voulez donc pas que je sois peintre, s'écria Gaëtano les larmes aux yeux... mon père, par pitié!

— Vous serez avocat, répondit l'inflexible M. Donizeti; vous serez avocat, je le veux...

Le démon qui devait triompher, souffla je ne sais quelle inspiration à l'esprit de Gaëtano, elle était au moins bizarre. L'enfant se retourna tout à coup vers son père, et d'une voix très calme:

— Vous ne voulez pas que je sois peintre, lui dit-il, vous exigez que je me *fasse* avocat, eh bien! moi je vous déclare que je serai musicien.

Art pour art, qu'importait au démon? la victoire lui restait toujours.

Gaëtano entra alors au Conservatoire de Bergame. Il avait onze ans. Est-il possible de supposer que cette détermination soit uniquement l'effet du dépit ou d'un violent désespoir? Et pourtant que serait-il advenu si M. Donizetti n'eût pas fait main basse sur les croquis et les premières ébauches de son fils? à l'heure qu'il est Gaëtano serait-il un grand peintre? Nous aimons mieux croire que la providence veillait sur lui et que cette visite domiciliaire n'avait d'autre but, dans l'accomplissement de sa destinée, que de l'arracher à la fausse direction qu'il avait prise, pour lui révéler sa véritable vocation. Il est assez curieux d'observer néanmoins que le ciel ait choisi pour instrument de son œuvre celui de tous les hommes qui faisait le plus obstacle à ses immuables décrets. Donizetti eût été peut-être un fort médiocre badigeonneur de toiles, et nous allons apprécier sa valeur comme musicien.

Cependant restait-il encore en lui quelques germes de sa première vocation qui le travaillaient sourdement, ou plutôt quelques regrets? L'abdication n'avait-elle donc pas été sincère, que Donizetti fut renvoyé trois fois du conservatoire sous prétexte qu'il ne montrait aucune disposition pour la musique. Rien de cela : le néophite ne couvait aucun regret au fond de son cœur, il avait sincèrement consenti à effacer son nom de la liste des peintres. La cause de ces trois disgrâces la voici, et nous avons tout lieu d'ajouter foi aux notes qui nous renseignent.

Par une anomalie inexplicable, on exigeait au conservatoire de Bergame que les élèves eussent surtout de la voix; c'était là une des conditions *sine qua non* ; or Donizetti faisant défaut à cette condition première, car il possédait la voix la plus déplorable qu'il fût possible de rencontrer, dût subir ces intolérables persécutions. Grâce à l'influence de son vieux maître Mayer, qui l'affectionnait singulièrement, il obtint merci de ses juges et fut réadmis aux leçons. Mayer seul qui le protégeait, comme on voit, s'entêtait à deviner un brillant avenir dans son jeune élève; il ne le quittait guères: à tous les concerts le maître exigeait que son jeune protégé se trouvât à ses côtés et remplît sa partie dans l'orchestre, ne fut-ce que pour jouer de la grosse caisse! Donizetti d'ailleurs a conservé un pieux souvenir de tant de bontés car il mit avec un louable désintéressement, et ses conseils et sa pensée au service de Mayer pour l'achèvement de ses derniers opéras.

Mayer, l'auteur de la *Médée* est un compositeur assez médiocre qui se faisait très vieux, son ancien élève avait déja donné des preuves d'un haut talent, ses secours étaient des plus utiles. A ces vexations du conservatoire dont nous parlions plus haut se rattache un fait assez piquant : Deux ou trois fois l'an on faisait représenter par les élèves des petits operas composés *ad hoc*; l'exécution entière leur était confiée, orchestre et voix. Au malheureux Donizetti, sans doute à cause de ses échecs comme chanteur, on infligeait toujours le rôle d'un niais compositeur possédé d'une passion effrénée pour la musique, cherchant partout et ne trouvant nul théâtre où faire représenter ses œuvres. Le ridicule pleuvait sur lui, et le sarcasme frappait à bras raccourcis sur sa pauvre victime. Le conservatoire de Bergame aurait pu ce nous semble, jeter son dévolu sur tout autre que sur un jeune homme qui, à quelques années de là, se vengeait par de si beaux et de si éclatans succès de ces petites humiliations.

Du conservatoire de Bergame, Donizetti alla à Bologne étudier la fugue et le contrepoint sous la direction du père Mattéi, le même qui avait été aussi le professeur de Rossini.

En quittant Bergame, le vieux Mayer avait recommandé surtout à son élève de ne point se livrer à la composition de petits airs et de petits morceaux avant que d'avoir entièrement terminé ses études. Donizetti ne tint pas compte de ces conseils, l'inspiration filtrait chez lui par tous les pores; quelques fantaisies, qu'il laissa échapper malgré lui, pleines de mélancolie et de facile harmonie, lui valurent de grands succès dans les salons : de ce jour c'était à qui voulait une petite romance, qui un petit duo, qui un nocturne; le moyen de résister quand toutes ces prières lui étaient adressées par les plus charmantes femmes de Bologne ! Donizetti qui ne demandait pas mieux déjà que de désobéir à son maître, se prit à composer tout ce qu'on voulut, romances duos et nocturnes. Nous savons de bonne source que Donizetti, loin de regretter ce menu détail qu'il fit alors de ses précieuses qualités, le regarde comme une des causes qui ont ont le plus fécondé son talent. Le chant et la mélodie y gagnèrent beaucoup si la science y perdit quelque chose.

Après avoir écrit des ouvertures, des quatuors de violon, des cantates, des messes et d'autres morceaux d'église, Donizetti se livra tout entier à la composition dramatique. Quelques biographes rapportent que la première fois que Donizetti entendit la musique de Rossini, il en ressentit une profonde émotion et un enthousiasme qui tenait presque de la folie. Il lui en reste encore des traces ineffaçables, car il s'éclaira de ce brillant flambeau qui projeta quelques lueurs sur son esprit. La musique de Donizetti n'est point une imitation de celle de Rossini, mais elle est empreinte du même cachet de grâce, de mélodie, elle a la même abondance; peut-être s'y rencontre-t-il quelques réminiscences de ce glorieux modèle, mais à coup sûr nous ne nous sommes jamais aperçu que l'imitation fût aussi flagrante qu'on a bien voulu le prétendre. Le premier opéra que Donizetti écrivit à l'âge de vingt-trois ans, *(Henri comte de Bourgogne)* fut assez froidement accueilli à Venise; mais déjà on avait pu y reconnaître de la vigueur, de l'originalité et surtout une grande imagination.

Il fut plus heureux avec *Il Falegname di Livonia* et quelques autres pièces qui le dédommagèrent amplement de son premier échec. Les progrès du jeune compositeur étaient incontestables. Enfin *Zoraide di*

Granata représentée à Rome en 1821 lui valut un immense succès; toute la nuit Donizetti fut traîné en voiture dans les rues de la ville, à la lueur des flambeaux et accompagné de la musique militaire. Ce triomphe était des plus opportuns sous le rapport de la gloire qu'il en obtint et aussi pour lui rendre sa liberté qu'il venait de perdre en se trouvant enrôlé par la conscription au service des Autrichiens; son congé lui fut sur le champ accordé. Cet hommage rendu aux arts par un gouvernement tant soit peu rigide sur l'article discipline était d'assez bon goût.

De ce moment Donizetti avait pris rang parmi les plus grands artistes et ses ouvrages se sont succédés avec une rapidité merveilleuse; nous ne trouverions pas place dans notre modeste livraison, s'il fallait énumérer toutes les compositions du maëstro, à l'heure qu'il est elles forment, un total de *soixante-huit* opéras. Quelques-uns, il faut l'avouer, sont faibles et se ressentent de l'excessive facilité avec laquelle écrit le maëstro ; la plupart sont pleins de verve et d'originalité, quelques autres révèlent un talent de premier ordre, et de fréquents éclairs de génie. *Anna Boléna*, *Lucia di Lammermoor*, *le Tasse*, *le Déluge universel*, *l'Esule di roma*, ce dernier, au dire d'un critique fort compétant et ordinairement très sévère à l'égard de Donizetti, renferme des passages « de la plus grande beauté dans la forme et dans les idées! » Les autres principales œuvres du maëstro sont : *Élisabeth*, *le siége de Calais*, *Fausta*, *Gemma di Vergy*, *Bélisaire* qui lui valut à Venise le même triomphe qu'il avait obtenu à Rome, *le furieux*, *Marino-Faliéro*, *l'Elixire d'amore* qui dévoila chez le maëstro une face toute nouvelle dans sa manière d'écrire *Roberto d'Evreux* etc, etc. Ses opéras bouffes sont pleins d'un style vif et spirituel. Donizetti a fait lui-même les libretti de trois de ses opéras, *le Chalet et la Sonnette de nuit, les Inconvenances théâtrales.*

Donizetti a écrit pour tous les théâtres de l'Italie; si bien qu'au dire de que'ques journaux, on a joué plusieurs fois le même soir les œuvres du maëstro sur quarante scènes différentes. Nommé professeur de contrepoint au conservatoire de Naples en 1834, il vient de donner à quatre reprises sa démission sans pouvoir la faire agréer; nous comprenons cet entêtement de la part du ministre à vouloir conserver contre son gré un homme si plein de science et d'érudition, et qui a formé déjà d'excellens élèves. Donizetti serait difficile à remplacer; il est familier non seulement avec les chefs-d'œuvre des grands maîtres italiens et allemands, mais encore il a étudié avec le plus grand soin leurs plus futiles morceaux. La croix de la légion d'honneur qui lui fut accordée en 1856, est une juste récompense de ses brillans travaux.

Que si maintenant vous nous demandiez de formuler un jugement sur le talent de Donizetti, nous pourrions à la rigueur vous renvoyer à notre préface, où vous trouveriez toute expliquée la cause de notre refus; mais au bout du compte nous sommes *bons princes* et nous ne nous ferons pas trop tirer l'oreille pour vous satisfaire, or voici ce que nous vous répondrons : nous avons pris au hasard un nombre égal de partisans et d'adversaires de M. Donizetti, et nous qui voulons être impartiaux avant tout, de ce choc de deux opinions diverses, nous avons essayé de conclure quelque chose. Les adversaires systématiques du Maëstro nous ont affirmé qu'il était un ignorant, un *sabreur* en musique, un compositeur commun et sans goût, et que sais-je? Ceux-là ne l'ont pas ménagé vous voyez ; les autres, fanatiques à proportion de la haine de leurs adversaires, nous ont assuré que Donizetti était un génie de premier ordre, un talent sans égal, l'émule au moins si non le maître de Rossini. Le mieux en pareil cas, est de se glisser entre les deux, et quand on a un petit but de sens commun de faire appel à ses impressions personnelles : nous croyons donc que avec une facilité d'écrire comme celle du Maëstro facilité dont il a abusé puisque le directeur du théâtre de Naples l'avait pris à tâche pour lui fournir par an deux opéras bouffes et deux opéras sérieux, qu'avec une facilité telle, il n'est guère possible d'arriver à une perfection réelle ; d'autre part nous consignerons ici comme chose certaine, que Donizetti est un harmoniste de premier ordre, qualité éminente et qu'il doit aux profondes études qu'il à faites des maîtres allemands, ensuite nous et vous aussi, chers lecteurs, avons entendu d'assez admirables morceaux de l'auteur de Lucia et d'Anna Bolena pour convenir que ce ne sont pas là les œuvres d'un esprit médiocre. Le reproche de trop grande facilité, qu'on adresse à Maëstro, a eu cependant de si beaux résultats qu'on est sans doute en droit de la réclamer comme le fait d'une inspiration, que le travail gâterait peut-être; lorsqu'on songe que son plus bel ouvrage *Anna Bolena* a été composé en dix-huit jours, que le magnifique et poétique finale de Lucia a été composé en une demi-heure; le grand air d'Anna Bolena en un quart-d'heure, et ainsi de suite de ses plus beaux morceaux, de l'aveu même du Maëstro; le finale du *Furioso* a été refait en entier pendent un entr'acte à une répétition. Ce sont là de ces organisations auxquelles le travail est impossible, parce qu'elles agissent toujours sous l'influence de l'inspiration.

Un charmant opera-comique *la Fille du*

régiment, représenté sur la scène de Feydeau et les *Martyrs* à l'Académie-royale, ont donné lieu tout récemment à de nombreuses controverses et à de virulentes attaques contre Donizetti : nous n'y avons trouvé que de l'esprit de parti et surtout la mauvaise humeur de voir envahir nos théâtres par un étranger. Qu'importe ce nous semble d'où vient la musique pourvu qu'elle soit belle? N'était-ce pas assez de toutes les persécutions souffertes en Italie par cette œuvre avant qu'elle arrivât sur notre scène. En général les chanteurs se plaisent à reconnaître que nul compositeur mieux que Donizetti n'écrit pour les voix : il a une connaissance parfaite de l'art du chant, est grand lecteur de musique et accompagne au piano d'une manière remarquable dit M. Félix. Tous ceux qui approchent du Maëstro vantent sa modestie et son aménité; les jeunes compositeurs trouvent auprès de lui un soutien et un ami vraiment désintéressé. Donizetti a le cœur noble et élevé toutes les manières excellentes d'un homme du monde. Voila certe une existence bien remplie, mais pourquoi faut-il qu'un profond chagrin assombrisse cette vie si riche en brillants souvenirs et entourée de gloire! Ainsi de toutes les choses de la terre. Marié en 1828 à Mlle Virginie Barselli excellente musicienne et une des plus belles femmes de Rome, le choléra moissonna cette moitié de son cœur en 1837; depuis ce jour fatal la chambre que madame Donizetti occupait à Naples n'a point été ouverte. Cet affreux malheur ne revient jamais à la mémoire du Maëstro sans lui arracher des larmes.

Donizetti à un frère, ancien militaire, qui a suivi Napoléon à l'île d'Elbe, il est aujourd'hui directeur des musiques du Sultan.

Nous apprenons que la reine des Français a accepté la dédicace de son bel opera des Martyrs.

Imprimerie d'Amédée-Saintin, rue Saint-Jacques 38

Prix : 25 centimes.

ÉCRIVAINS ET ARTISTES VIVANTS,

FRANÇAIS ET ÉTRANGERS.

BIOGRAPHIES AVEC PORTRAITS.

PAR

X. EYMA ET A. DE LUCY.

Quique sui memores alios fecere merendo.
Omnibus his niveâ cinguntur tempora vittâ.

VIRGILE.

4e LIVRAISON.

ÉCRIVAINS.

CASIMIR-DELAVIGNE.

Paris

AU BUREAU DU JOURNAL OUTRE-MER

2, Rue Grange-Batelière,

ET CHEZ TOUS LES LIBRAIRES.

1840.

IMPRIMERIE D'AMÉDÉE-SAINTIN,
38, rue Saint-Jacques.

CASIMIR DELAVIGNE.

ÉCRIVAINS ET ARTISTES VIVANTS
FRANÇAIS ET ÉTRANGERS.

ÉCRIVAINS.

CASIMIR DELAVIGNE.

> J'ai des chants pour toutes les gloires,
> Des larmes pour tous les malheurs.
>
> CASIMIR DELAVIGNE.

M. Casimir Delavigne est né au Hâvre, en 1794. Les magnifiques récits de nos victoires furent pour ainsi dire les premiers contes de fées dont on berça son enfance. Il grandissait dans une chaude atmosphère tout imprégnée de fécondantes vapeurs du sein desquelles s'élançaient en chœur des voix lointaines, triomphales et mystérieuses.

Le glorieux soleil qui éclairait alors la France, faisait vite épanouir dans les plus jeunes cœurs tous les germes de la virilité.

Une sève ardente circulait dans toutes les veines, et d'un enfant créait un homme avant le temps.

Aussi le jeune Delavigne sentit de bonne heure une indéfinissable faculté s'éveiller dans son âme. Mais cette initiation à une vie nouvelle était douce, calme et paisiblement amenée. Il se laissa entraîner avec bonhomie par un penchant dont il ignorait lui-même la nature.

Un beau jour il fit des vers et il les fit sans trop savoir pourquoi; il les fit sans fatigue, sans hésitation, sans étonnement, avec candeur et la simplicité d'un oiseau qui chante pour la première fois.

Point de ces transports fiévreux, de ces douloureuses appréhensions, de ces déchiremens intimes, par lesquels une âme fortement trempée, arrive à se connaître elle-même.

A douze ans, M. Delavigne commence à faire des vers, à partir de ce jour, son talent progresse petit-à-petit et aboutit tranquillement à sa plénitude sans secousses et sans efforts. Nous le trouverons toujours plein de sérénité dans toutes les phases de sa vie littéraire.

L'étude sérieuse des anciens, captiva sa jeunesse; il se livrait avec ardeur à la lecture des auteurs Grecs et Latins, les Grecs surtout avaient conquis son admiration, car ils électrisaient son imagination.

Les héroïques infortunes des Troyens et des Messéniens faisaient vibrer en lui une corde sensible et généreuse, il bondissait au récit des merveilleux combats soutenus sur le mont Ithôme et le mont Ira. Comme il aimait le poète Tyrtée, dont la lyre patriotique avait deux cordes si sonores ; l'une pour applaudir à la vaillance, l'autre pour flétrir la lâcheté !

Ce fut alors que le jeune Delavigne se connût tout entier. Ce regard passionné jeté sur le passé, lui révéla son propre avenir.

Il devait être le chantre de toutes les gloires et de tous les malheurs.

La naissance du roi de Rome, cet évènement si important qui venait poser une nouvelle auréole sur le front de l'Empereur, donna lieu au jeune poète de déployer au grand jour les ailes de sa muse. Il avait alors dix-sept ans, et était élève externe du Lycée Napoléon. Le dithyrambe qu'il composa à cette occasion, obtint un immense succès ; le *nouveau Jupiter* accueillit fort bien le protégé d'Apollon.

Quelques biographes racontent à ce sujet l'anecdote suivante :

L'empereur dans une visite qu'il fit au lycée, au milieu des acclamations générales et des cris d'enthousiasme que sa présence excitait chez tous ces nobles enfans de la France, demanda à voir le jeune Casimir; il lui fut présenté. Napoléon après l'avoir analysé d'un regard, de la tête aux pieds, comme c'était son habitude quand il adressait la parole à quelqu'un pour la première fois, lui dit avec bienveillance.

— Que désires-tu ?

Casimir, naturellement timide gardait une attitude un peu confuse et interdite devant le grand homme, enfin il se hasarda à balbutier quelques mots et lui dit :

— Sire, être exempté de la conscription,

L'empereur fronça les sourcils, le toisa sévèrement et répondit d'un ton sec en lui tournant le dos.

— C'est bien.

Et le jeune Delavigne, fut effectivement exempté de la conscription.

Ce mot prêté à M. Delavigne lui a été éternellement reproché depuis. Napoléon, n'aimait pas les poltrons, et dans ce temps-là les poltrons eux-mêmes faisaient parade d'un courage qu'ils n'avaient pas en criant bien haut à la couardise.

Mais encore le jeune Casimir eût-il fait cette réponse, en bonne conscience serait-il permis de la mettre sur le compte de la faiblesse?

Tout à son idée, pouvait-il penser à être autre chose qu'un poète; homme d'un caractère doux et paisible, il lui fallait le calme d'un intérieur de famille, les rêves au coin du feu et la solitude avec des bruits lointains de gloire auxquels il a toujours servi d'écho. C'est une chose puissante et irrésistible que la vocation.

Rappelez-vous Démosthènes fuyant à la

bataille de Chéronée et déchaînant ensuite contre le roi de Macédoine, les Athéniens ralliés à sa voix et emportés par son éloquence !

M. Delavigne n'a-t-il pas lui aussi, enflammé plus tard bien des cœurs et alimenté bien des enthousiasmes ?

Quoiqu'il en soit, avant de rapporter l'anecdote énoncée plus haut, nous nous sommes enquis du dégré de véracité qu'elle pouvait offrir. Il ne faut jamais s'en tenir à des présomptions, mais bien chercher une certitude. Or, d'après les renseignemens que nous nous sommes procurés et qui émanent de bonne source, nous pouvons en toute sûreté déclarer que le fait est apocryphe et entièrement controuvé.

L'empereur n'est même jamais venu à cette époque au Lycée Napoléon.

Casimir sort du Collége à dix-huit ans, emportant sous son bras l'inévitable tragédie, tribut obligé que tout rhétoricien un peu distingué se paye à lui-même, afin d'éprouver ses forces. Cette tragédie intitulée Polyxène n'a jamais été livrée au public; on peut en voir un fragment inséré à la suite des Messéniennes; c'est une imitation flagrante de Racine, mais froide et décolorée. Après avoir ainsi formé son esprit par un premier essai et disposé dans sa tête un moule tragique assez bien évidé, et purifié à peu près de toute la poussière scholastique qu'un jeune homme emporte toujours avec lui des bancs du collége, Casimir regarda autour de lui et se mit à flairer les circonstances. La nature l'avait bien doué sous le rapport du tact, il eut bientôt fait de mettre le doigt sur la plaie et son esprit s'accoupla vite par une force de sympathie attractive à toutes les idées de tristesse de malaise ou de regrets qu'il entendit sourdre confusément autour de lui.

Une effroyable catastrophe où des milliers de Français avaient été massacrés, les vêpres siciliennes, tel fut le sujet qu'il choisit pour la scène : sujet hardi, hérissé de difficultés, mais fertile en émotions et qui devait fortement impressionner des cœurs encore saignans et endoloris.

Tandis qu'il élaborait cette œuvre dans le silence et la retraite, son esprit sans cesse aux aguets ne laissait rien échapper de ce qui se passait au dehors, et du fond de son cabinet, le poète mêlait sa voix aux mille voix de la nation et jetait à la foule tantôt un chant funèbre et désolé, tantôt un cri de ralliement, tantôt une hymne d'espérance et de consolation.

Ces diverses poésies imprégnées d'un vague parfum d'antiquité grecque, prirent naturellement le nom de *Messéniennes*.

Cependant la tragédie des *Vépres siciliennes* était achevée, M. Delavigne avait alors environ vingt-deux ans; palpitant d'espoir et tremblant de crainte, il courut l'offrir au théâtre Faançais, mal accueilli de ce côté, il revint sur ses pas et s'en fut la proposer à l'Odéon : il obtint une lecture, mais alors il ne lisait pas encore lui-même, il était trop timide et sa voix mal assurée eût pu compromettre un succès qu'il attendait, qu'il désirait avec tant d'ardeur! Un obligeant ami se chargea pour lui de cette besogne redoutée. Mais ô douleur! personne n'écoutait! on causait, on riait, on chantait! les plus beaux effets passaient inaperçus, les passages les plus dramatiques, les tirades les plus émouvantes se perdaient dans cette cacophonie générale. Le pauvre auteur suait, soufflait, était rendu; il s'agitait et se démenait comme un possédé, peine perdue! nul n'y faisait attention, un si jeune auteur! le moyen que la pièce fût bonne! Quand on avait bien ri on dormait.

Longtemps ballotté entre les deux premières scènes françaises, M. Delavigne entrevoyait enfin l'espérance de faire jouer sa tragédie à l'Odéon quand ce malheureux théâtre devint la proie des flammes.

Le jeune homme reprend son manuscrit et va frapper de nouveau à la porte des Français ; cette fois on refuse positivement de lui ouvrir. Mille excellens prétextes sont mis en avant pour colorer ce refus ; entre autres raison péremptoires, une actrice allègue avec un admirable sérieux qu'*il y aurait inconvenance à mettre le mot* VÊPRES *sur l'affiche d'un théâtre*. Il n'y avait rien à répondre à cela. Le pauvre auteur se retire. Les deux théâtres lui manquaient à la fois.

Quelle est donc cette affreuse divinité qui se plaît à entraver les efforts de tous les jeunes gens dès leurs premiers pas dans la carrière, qui se rit de leurs illusions et de leurs souffrances, s'amuse à briser leur courage et pour conclusion dernière, si la providence ne vient pas à leur secours, les pousse fatalement à se suicider! Se suicider! Qui? M. Delavigne? Oh! non pas! — Il rentre chez lui, triste il est vrai, un peu découragé, mais se ravisant bientôt il pousse un immense éclat de rire.

— Ah! vous avez ri, vous avez chanté pendant que j'étais à la torture; chacun son tour messieurs les comédiens, je vous ai étudiés et je vous ai trouvés singulièrement plaisans; eh! bien je m'en vais m'amuser un peu aussi, moi!

Et voilà par quelle circonstance M. Delavigne fut amené à découvrir sa veine comique qui n'avait pas encore tressailli jusque là.

Cependant le théâtre de l'Odéon sortait plus resplendissant que jamais de ses ruines; une habile direction allait lui assurer des jours prospères. Picard demanda à M. Casimir Delavigne sa tragédie des vêpres Siciliennes pour inaugurer la nouvelle salle. Le poète fut en outre chargé de composer le discours d'ouverture. Enfin la pièce est jouée ; le succès fut immense ; l'auteur nommé au milieu des acclamations et des trépignemens de la multitude, reçut tous les honneurs dûs à un triomphateur ; l'enthousiasme du parterre alla jusqu'à la frénésie (*).

Cela se passait en 1819, le poète avait alors vingt-cinq ans !

Ce n'était là qu'un commencement de vengeance, il la lui fallait pleine et entière ; il venait de mettre la dernière main à la pièce intitulée *les Comédiens* ; vous comprenez qu'il n'eut pas grand peine à la faire recevoir. L'arrogance et les ridicules particuliers à ces messieurs y étaient fidèlement et

---

* Depuis, les Vêpres Siciliennes ont eu plus de trois cents représentations.

spirituellement dépeints ; la satire y abondait mais doucement tempérée et toujours remplie d'urbanité ; tout voilées que fussent les allusions, Talma se reconnut dans ce comédien qui s'exeuse de ne pas pouvoir venir assister à une lecture, par ce qu'il est à sa *maison de campagne*, ce mot piqua vivement le grand tragique et comme plus tard il faisait à ce sujet quelques reproches à M. Delavigne ; celui-ci lui répliqua :

— Écoutez-donc, mon métier est d'être à l'affût de tous les travers, pour les signaler, vous êtes venu vous-même vous mettre sous ma patte, tant pis pour vous !

— Ah ! lui répondit Talma, vous ne connaissez pas encore les douceurs d'une maison de campagne, patience, vous en aurez une un jour !

La prédiction s'est accomplie à la grande satisfaction, je crois, de M. Delavigne, dont les goûts sont si simples et si paisibles et dont le caractère s'allie si parfaitement au calme et au bien être de la vie de campagne.

Après les Comédiens, le poète donna une nouvelle tragédie à l'Odéon, *le Paria*. Cette pièce qu'il regarde comme un de ses meilleurs ouvrages est en effet écrite avec beaucoup de vigneur et d'éclat, le travail du style y est merveilleux. Cette caste d'hommes injustement proscrite, a fourni à M. Delavigne de grandes et belles inspirations; arrivant à une époque encore grosse de haines politiques, cette œuvre était un généreux plaidoyer en faveur du pardon et de l'oubli des vieilles inimitiés.

Tant de succès obtenus ailleurs que dans son enceinte, gênaient la conscience du théâtre Français et lui rendaient le sommeil pénible.

M. Delavigne, satisfait de la vengeance qu'il en avait tirée, lui apporta sa comédie de *l'École des vieillards*.

Au jour fixé pour la lecture de sa pièce, comme il se rendait au théâtre, le poète rencontra Talma qui s'y rendait de son côté. La conversation après avoir roulé d'abord sur un thême assez banal devint plus sérieuse.

— Je voudrais, dit Talma, que vous créassiez un rôle pour moi.

— Qu'à cela ne tienne, répondit l'auteur enchanté.

— Oui, mais je veux un rôle où il y ait de la jalousie, beaucoup de jalousie...

— J'en mettrai autant que cela vous fera plaisir.

Oui, c'est une fantaisie que j'ai dans ce moment-ci.

— Je suis homme à vous satisfaire.

Tout en causant ainsi, ils entrèrent dans la salle où le comité était déjà assemblé. On s'assit : M. Delavigne aguerri par ses triomphes lisait alors lui-même, il déroula son manuscrit et commença...

Personne n'écouta, tout le monde riait et chuchottait... comme à ce jour néfaste où... Mais la gloire a effacé ce souvenir de l'âme du poète; il termine sa lecture.

Sa comédie est reçue à l'unanimité et par acclamation. On n'en a pas saisi un mot, mais qu'importe? Un si grand auteur! le moyen que la pièce soit mauvaise?

Quand je dis que personne n'écouta, je me trompe. Deux personnes prêtaient ardemment l'oreille; Talma et Mlle Mars!

Talma se promenait à grands pas dans la salle, il était très agité; il fronçait les sourcils, gesticulait, s'arrêtait brusquement, fixait deux yeux terribles sur le poète, puis se remettait à marcher; enfin on voyait qu'il se passait en lui quelqu'un de ces mystères effrayants dont il a emporté le secret.

Calme et tranquille Mlle Mars le suivait

attentivement du regard, l'épiait, l'étudiait et de temps en temps rassurait par un de ses plus charmants sourires l'auteur un peu intimidé, qui ne pouvait pas se rendre compte des fougueux transports du tragédien. Au moment de sortir, elle se pencha vers lui et lui dit tout bas :

— Ne promettez le rôle de Danville à personne. Talma le veut.

— Mais c'est un personnage de comédie.

— N'importe, il vous le demandera.

Et Talma rencontrant M. Delavigne sur le seuil de la porte lui prit les mains et les serrant rudement.

— Je vous avais prié d'écrire un rôle pour moi, n'est-ce pas? maintenant ce n'est plus la peine !

Et il sortit vivement.

— Eh! bien, qu'en pensez-vous? murmura doucement Mlle Mars au poète stupéfait.

Le lendemain M. Delavigne recevait une lettre de Talma qui le priait de passer chez lui. Il s'y rendit en toute hâte et trouva l'illustre comédien dans un état de souffrance iutellectuelle difficile à décrire. Ses cheveux étaient en désordre, son col nu et sa belle tête portait l'empreinte d'un anxiété profonde.

— Voulez-vous me donner le rôle de Danville ?

— Je ne demande pas mieux, mais j'en avais déjà parlé à Baptiste aîné.

— C'est égal, il me le faut.

— Réfléchissez que vous n'avez jamais porté le frac !

— Qu'importe un frac !

— Vous n'avez jamais paru dans une comédie... Vous sortez de votre emploi.

— Le rôle est tragique, il m'appartient !

— On vous suscitera mille obstacles au théâtre !

— Je les surmonterai tous!

Et le voila implorant le poète, le caressant des yeux et de la voix et lui demandant ce rôle destiné à un autre, avec une ténacité si burlesque qu'elle allait presque jusqu'à l'enfantillage. Admirable simplicité du génie!

M. Delavigne ne fut pas difficile à persuader comme vous pensez bien, mais comme il l'avait prévu, mille difficultés surgirent à l'encontre de ce projet; deux longs mois s'écoulèrent en instances et en pourparlers, avant que Talma n'obtînt ses coudées franches.

Le jour de la première représentation arriva. — Pendant la moitié du premier acte, Talma se trouva gêné sous l'habit de ville, mais il se remit bientôt et joua avec sa perperfection accoutumée. Au troisième acte, lors que Hortense déclare qu'elle se rend au bal, le public qui prenait parti pour le mari, manifesta quelques signes de mécontentement contre l'ouvrage ; on trouvait le rôle outré. M. Delavigne courut à Talma et lui dit avec une perplexité bien naturelle :

— Mon ami, la pièce chancelle, il faut la sauver !

Danville s'élança sur le théâtre, et quand vint le moment de partir pour le bal, il marcha droit aux spectateurs, les poings fermés, la bouche crispée et jeta au public ce mot, *nous rirons!* avec une expression si étrange que les bravos éclatèrent de toutes parts. Talma qui retrouvait toujours la même intonation chaque fois qu'il avait le même effet à produire, ne put jamais se rappeler celle-là, aux représentations suivantes. Ce soir-là, il s'était tellement animé qu'il avait oublié de s'étudier lui-même.

A cette époque déjà, M. Delavigne travaillait à sa tragédie de Louis XI. Talma devait jouer le personnage du roi très chrétien. Ce rôle lui plaisait beaucoup. Il venait souvent en causer avec le poète. Tout le monde se rappelle cette belle scène où tandis que Louis XI est couché sur un lit de parade, le jeune dauphin essaie sur sa tête la couronne de France. Talma qui aimait à préparer à l'avance tous ses effets, se coucha un jour sur un canapé chez M. Delavigne, dans l'attitude qui devait être celle du roi; puis s'éveillant petit à petit, il se leva péniblement sur son séant comme un homme qui sort de léthargie. Apercevant alors la couronne sur la tête du Dauphin, ses yeux devinrent hagards et son visage plus livide encore; il se laissa glisser jusqu'à terre, puis le corps affaissé, les jambes pantelantes, et appuyant ses doigts contractés sur une table qui était près de là, il se traîna jusqu'à lui comme un fantôme, et posant sa main sur l'épaule de M. Delavigne, il l'enveloppa d'un regard qui lui donna le frisson.

— Voyez-vous, s'écria-t-il ensuite, voyez-vous, quand je jouerai cette scène-la, on n'entendra pas un mot de ce que dira le dauphin, on ne fera pas attention à lui, on ne verra que moi et ma pantomime. Je leur ferai peur à tous!

Hélas! Talma mourut et Louis XI sommeilla encore quelques années dans les cartons de M. Delavigne.

Le triomphe de l'*École des vieillards* ouvrit à l'auteur les portes de l'Académie. Il y fut admis le 7 juillet 1825.

L'année suivante il fit un voyage en Italie d'où il rapporta de nouvelles Messéniennes ; il avait été réchauffer sa muse au foyer classique de toute poésie.

De retour, il donna en 1828 une comédie intitulée *La princesse Aurélie* qui eut peu de succès; entièrement remplic d'allusions politiques, elle fut assez froidement accueillie par le public. Les circonstances avaient marché plus vite que la pièce, elle se trouvait émoussée d'avance.

En 1829, M. Delavigne obtient un beau succès à la Porte Saint-Martin par la tragédie de Marino Faliero. Il s'agit d'une conspiration à Venise, et voici venir les journées de 1830! pur hasard sans doute, mais comme le poète est toujours à peu de chose près en règle avec les circonstances! et comme il saisit encore celle-la par les cheveux! Connaissez-vous le *Dies iræ de Kosciusko*, la Varsovienne, le chien du Louvre? Parlerons-nous de la Parisienne!

Après *Marino-Faliero*, nous voyons enfin apparaître Louis XI en 1832.

Puis le enfans d'Édouard en 1834.

Puis Don Juan d'Autriche drame en prose.

Une famille au temps de Luther tragédie en un acte.

La Popularité; comédie qui a eu à peu près le sort de la princesse Aurélie.

Enfin la fille du Cid, en 1840.

Nous ne sommes pas appelés à rendre compte de ces différens ouvrages, mais à faire pour ainsi dire leurs biographies. La plupart d'entre elles sont toujours une inspiration immédiate de la circonstance. Les enfans d'Édouard peuvent servir de texte explicatif au beau tableau de M. Delaroche. La fille du Cid est bien un peu aussi proche parente de Mlle Rachel; la naissance de l'une a suivi de près la révélation de l'autre.

Don Juan d'Autriche est une promenade aventurée sur le terrain du drame moderne. Les nombreux succès remportés dans ce genre par nos dramaturges en renom avaient piqué l'émulation du poète.

Ainsi M. Delavigne a eu le talent de se rattacher à tous les événemens politiques et littéraires par un fil quelconque si délié fût-il, se tenant par fois à distance, et se rapprochant peu à peu quand la tournure de ses idées prenait insensiblement et à son insu la tournure des choses. Chez lui les transitions sont presque imperceptibles, les nuances se fondent et se combinent harmonieusement. Des Vêpres Siciliennes à Don Juan d'Autriche il y a sans doute une espace immense, mais les deux extrêmes se touchent par un milieu commun qui leur sert de trait d'union, Marino Faliero, Louis XI, les enfans d'Édouard. M. Delavigne est avant tout l'homme de l'actualité; il a pris du passé tout ce qui pouvait se souder au présent et il n'a jamais cherché à escompter l'avenir, craignant de ne pas rencontrer juste. Il n'a jamais voulu passer pour un homme arriéré, jamais il n'a ambitionné la réputation de novateur. Il s'en est tenu à son époque la suivant dans toutes les phases, l'analysant, la commentant: En habile médecin il a toujours tâté le pouls de son siècle et reconnu bien vîte quelle était la fibre sensible du moment.

L'idée ne part pas directement de lui; il la reçoit passivement comme un écho reçoit le bruit, mais comme un écho puissant qui le renvoie plus sonore et subdivisé à l'infini.

Doucement entraîné par toutes les pentes de son siècle, son plus grand travail a été de gronder paternellement ses travers et de rester pur lui-même au milieu de cette conflagration générale des esprits; mais l'honnêteté et la tendresse de sa nature devaient le préserver de toute inquiétude. Nous croyons que M. Delavigne n'a jamais dû douter de lui-même, car son imagination n'a jamais été éprouvé par les passions qui engendrent le découragement, la lutte et les écarts.

Est-il arrivé à son apogée? nous n'en savons rien, mais ce que nous savons c'est qu'il possède un instrument merveilleux dont toutes les cordes répondent à celles de l'immense clavier social. Comme à l'habileté il joint la prudence et qu'il ne fait jamais vibrer en lui que la corde sympathique qu'il a senti s'éveiller aux tressaillemens de l'humanité, comme il s'approprie très heureusement les hautes pensées et les généreuses inspirations des plus grands génies de tous les temps et de tous les peuples, nous croyons encore qu'il peut nous donner une suite indéfinie d'ouvrages noblement conçus et noblement exprimés.

Si par une catastrophe impossible à prévoir toutes les bibliothèques du monde venaient à être incendiées, et qu'il ne restât que les ouvrages de M. Delavigne on y trouverait un résumé assez précis de tous les sentimens élevés, poétiques, religieux et moraux qui ont cours ici bas. Depuis le commencement des siècles. C'est déjà beaucoup que d'avoir fait un pareil catéchisme.

Quand au style et à la versification c'est là la véritable richesse du poète.

Nous regrettons de terminer cette biographie par un reproche. Pourquoi M. Delavigne homme essentiellement littéraire n'a-t-il pas donné sa voix à M. Hugo, à la dernière élection académique ? Est-ce jalousie de sa part ? Est-ce injustice ? nous ne pouvons pas le croire, mais comment sortir de ce doute ? nous espérons que M. Delavigne a encore une fois échappé à deux extrêmes qui sont également indignes de son caractère.

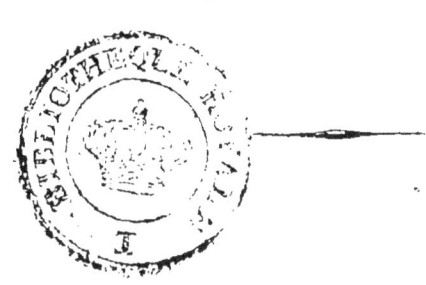

ERRATA

DE LA TROISIÈME LIVRAISON.

Quelques fautes grossières s'étant glissées dans notre biographie de Donizetti, par une inexplicable négligence, nous nous empressons de les redresser ici. Nous avons pris nos mesures pour que de semblables erreurs ne se renouvellent plus.

Page 45 ligne 9, *au lieu de* : ont gravé l'empreinte de leurs pas cette terre, c'est l'Italie. *lisez* ont gravé l'empreinte de leurs pas. Cette terre, c'est l'Italie!
Page 48 ligne 16 *au lieu de* : collier, *lisez* gosier.
Même page lig. 17 — ces *lisez* ses
Page 49 ligne 14 — étreignaent *lisez* étreignaient
Même p. ligne 20 — il avait fait *lisez* il avait commencé.
Page 61 ligne 10 — compétant, *lisez* compétent.
Page 64 ligne 7 — but *lisez* bout.
Page 65 ligne 5 — à Maëstro, *lisez* au maëstro.
Page 66 ligne 20 — M. Félix, *lisez* M. Fétis.

Imprimerie d'Amédée-Saintin, rue Saint-Jacques 38.

Prix : 25 centimes.

ÉCRIVAINS ET ARTISTES VIVANTS,

FRANÇAIS ET ÉTRANGERS.

BIOGRAPHIES AVEC PORTRAITS.

PAR

X. EYMA ET A. DE LUCY.

Quique sui memores alios fecere merendo,
Omnibus his niveâ cinguntur tempora vittâ.
VIRGILE.

5ᵉ LIVRAISON.

SCULPTEURS.

Le baron **BOSIO.**

Paris
AU BUREAU DU JOURNAL OUTRE-MER,
2, Rue Grange-Batelière,
ET CHEZ TOUS LES LIBRAIRES.
1840.

IMPRIMERIE D'AMÉDÉE-SAINTIN,
38, rue Saint-Jacques.

LE BARON BOSIO.

ÉCRIVAINS ET ARTISTES VIVANTS

FRANÇAIS ET ETRANGERS.

SCULPTEURS.

LE BARON BOSIO.

Ce que nous écrivions récemment sur la peinture à propos de M. Delacroix, s'applique naturellement à la sculpture. Nous ne reviendrons donc pas sur ces règles immuables. Or cela dit passons, et écoutez si vous en avez le loisir l'histoire que voici :

Un jour de l'année 1769, naquit à Monaco, alors sous la protection du Prince de Sardaigne, un enfant pâle et maigre, que ses parens appelèrent Gilbert. Gilbert étant le fils d'un ingénieur militaire, avait sans cesse sous les yeux des cartes, des plans de forteresses, des lignes enfin, et entre les mains des crayons et des compas. Il se prit de goût pour le dessin, les dispositions naturelles aidant, il arriva après peu de temps à ne charbonner pas trop mal quelques chiffons de papier. On lui donna alors pour professeur Délima. Gilbert comptait quelque chose comme onze ou douze ans. Mais l'étude du crayon n'avait été pour lui qu'une préparation, car à seize ans, il tailla passablement dans le bois un Christ et une Vierge qu'il envoya à un sien oncle, vicaire à Rochebrune. Le prince qui aimait fort le père de Gilbert prit aussi l'enfant en belle passion sur la foi de ses deux premières œuvres, et l'emmena à Paris deux ans après pour le confier aux leçons de Pajou, sculpteur alors en grand renom. Du premier coup l'enfant reconnut que ce n'était pas là le maître qui lui convenait. Il ferma l'oreille à ses conseils, et fuyant l'atelier, il s'en allait à l'aide d'une clé qu'il s'était clandestinement procurée, étudier les

Antiques peu nombreux à cette époque, car le musée se composait d'une vingtaine de plâtres tout au plus, enfermés aux Petits-Augustins. Pajou venait de terminer la *Psyché* qui se trouve aujourd'hui au Luxembourg; ce marbre faisait fureur dans le temps. Une Dame de la suite du Prince, ayant prié Gilbert de lui faire admirer l'œuvre de son maître; l'élève se croyant seul fulmina les plus violentes critiques contre la Psyché, avouant malicieusement que le *modèle* était plus parfait (fatuité de jeune homme!) mais démontrant surtout comme l'art antique avait été méconnu et profané par le ciseau de Pajou.. ô cruelle surprise! Pajou était là, et avait tout entendu; quelque légitimes et bien fondées que fussent les critiques de Gilbert, elles étaient à la vérité intempestives de la part d'un élève. Une simple remontrance adressée à cet étourdi aurait dû suffire. Mais le coup avait frappé fort sur Pajou, il alla s'en plaindre amèrement au Prince qui en rit bien un peu sous cape, mais ne pût se défendre de tancer sérieusement Gilbert et le menaça de le renvoyer à son père. — En quittant le cabinet du prince, Gilbert rencontra à la porte un page de S. A. qui s'avisa de le plaisanter sur sa petite équipée. Le jeune sculpteur avait la tête chaude et la main leste ; un soufflet retentit sur la joue du page moqueur. On se rendit sur le terrain. Gilbert qui était passé maître dans l'art de l'escrime gratifia son adversaire d'un bon coup d'épée. Mais il n'y avait plus de grâce à espérer ; Gilbert s'enfut et alla s'engager dans la brigade des Irlandais. Ici, cher lecteurs, rappelez à votre mémoire l'histoire de cet excellent Gilblas; et moins les mauvais côtés taillez un peu notre héros sur son patron. Gilbert fut dirigé avec les autres recrues sur Cambrai. Le pauvre enfant y arriva barassé et tout meurtri ; quarante jours d'hôpital le remirent à peu près et un beau matin on l'envoya à l'exercice. Le caporal, selon l'habitude, s'apprêtait à lui faire prendre les premières positions ; mais Gilbert qui savait mieux que personne son alphabet militaire, se regimba et répondit au caporal que c'étaient là des choses qu'il connaissait aussi bien que lui, et qu'il eût à lui commander la charge en douze temps.

Le caporal, rigide en fait de discipline, leva le bâton sur le jeune conscrit qui de colère et d'indignation lui sauta à la gorge. Le capitaine Walsh intervint, et sur la bonne mine du coupable, écouta avec une bonté fort peu militaire, ses excuses; et satisfit sa petite ambition en lui commandant la charge en douze temps. Gilbert l'exécuta avec tant de précision, et fait ensuite manœuvrer ses compagnons avec une telle exactitude, que, pour punition, le capitaine le nomma sur le champ caporal instructeur. La révolution venait d'éclater; Gilbert à qui le métier ne souriait guère et que l'art tourmentait un peu, profita d'un moment de troubles et d'embarras pour s'évader de la citadelle au milieu de mille dangers; il arriva en Belgique. Là quelques lambeaux de son uniforme le trahissent, il est arrêté comme déserteur. Conduit devant le colonel du régiment des Brabançons, il paie d'assurance, et lorsqu'on lui eût demandé quel grade il avait dans la brigade Irlandaise, il répondit: Sergent. Son air intelligent le fit remarquer et le colonel lui offrit de le maintenir dans ce grade (usurpé) s'il voulait accepter les fonctions de recruteur. Comme il y allait de quelques centaines de coups de verges, Gilbert accepta tout ce qu'on voulut; le voilà donc de nouveau enrôlé! et il faut bien dire à sa grande gloire qu'il ne se tirait pas mal de sa charge de raccoleur. L'empereur d'Autriche, après avoir rendu Belgrade aux Turcs, venait d'entrer dans les Pays-Bas avec soixante mille hommes. La veille d'une bataille le général anglais qui commandait les Flamands, s'enferma dans sa tente avec Gilbert, et ils firent ensemble une longue promenade sur la carte du pays. Le général s'étant assuré ainsi de la science du jeune sergent, et voyant que c'était là l'homme qui convenait pour l'exécution d'un projet audacieux qu'il avait conçu, lui désigna sur la carte une ferme qui servait de dépôt aux fourrages de la cavalerie autrichienne, et lui promit, s'il réussissait à y mettre le feu, de le nommer lieutenant. Le courage et la hardiesse n'étaient pas ce qui manquait au sculpteur-soldat. Le voilà donc parti avec quinze chasseurs, et le feu est à la ferme; un combat désespéré et monstrueusement inégal s'engage avec la cavalerie ennemie; Gilbert après avoir laissé six de ses hommes sur le terrain, regagne le camp, non pas sans emporter quelques bons et ineffaçables témoignages de son héroïque conduite Comme les chefs promettent toujous plus qu'ils ne tiennent, Gilbert ne fut nommé que sous-lieutenant, mais il fut décoré de son épaulette d'officier sur la place de Boviny, en face de toute la garnison. — A peu de temps de là un autre fait d'armes de la même nature que celui-là lui valut le grade de lieutenant. A toutes ces amorces là Gilbert ne mordait pas ; décidément le métier de soldat ne lui allait point. Cette noble et grande indépendance de la vie d'artiste lui faisait entrevoir dans le lointain de si belles illusions de gloire et de liberté, qu'il maudissait en secret l'uniforme et ses épaulettes d'ailleurs si bien gagnées! il ne fallait qu'une tentation pour qu'il succombât. Elle arriva à souhait, et ma foi il en profita. Un jour qu'il était de garde sur les hauteurs de Boviny, le sergent du poste passablement insubordonné aussi, se hasarda à lui parler de désertion ; ce mot sonna assez flatteusement à l'oreille du lieutenant; il fit bien quelques objections, mais si faibles qu'elles ressemblaient un peu à ces *non affirmatifs* des femmes; vous savez ce qu'il en advient d'habitude? Ici ce fut de même. Voilà donc l'officier qui entraîne avec lui quelques soldats, et grâce à l'épaisseur de la nuit, ils se dirigent sur Lunéville où ils arrivent sans trop d'encombres. Pour le coup vive la liberté! Gilbert avait secoué ses chaînes, mais la misère marchait à ses côtés; il songe à regagner sa patrie, obtient une feuille de route comme officier, traverse Dijon où son uniforme brabançon lui attire bon nombre de quolibets, et gagne Carpentras ville toute dévouée au pape; on l'y reçoit à bras ouverts, on lui donne un repas de corps! Enfin il franchit les portes de Turin. Salut terre des beaux-arts! mais il faut que tu fasses vivre cet enfant né comme toi sous le beau ciel de l'Italie! Gilbert a faim; chez tous les sculpteurs il demande de l'ouvrage, mais on lui refuse, Gilbert n'a jamais travaillé le marbre. Allons, en route encore, et poussons jusqu'à Parmesan; là notre pauvre artiste copie quelques bas-reliefs et entr'autres la *Samaritaine* du Pont-Neuf. Qui veut de cette belle réminiscence personne; il n'y a pas d'acheteurs à Parmesan pour les objets d'art! ne te désole pas mon sculpteur; en route encore; marche! à deux lieues de la ville tu trouveras le Prince de Colonne, grand protecteur des arts et des Églises; quoiqu'il s'habille en moine, et vive chez lui au milieu d'un sérail; mais va toujours, que t'importe cela? le Prince t'achetera ta Samaritaine; et voilà Gilbert en route; au relai il rencontre le Prince, et lui présente son bas-relief.

— Quel est l'auteur demanda le potentat?

— C'est moi, Monseigneur.

— Mais tu es officier?

— J'étais officier monseigneur, *j'ai obtenu mon congé*, et je suis sculpteur à présent.

— Le prince examina l'artiste tour à tour et ordonne à Gilbert de passer au palais le lendemain. Cela dit; le pauvre Gilbert, la joie dans le cœur, va prendre gîte à une petite auberge sur la grande place de la ville ; il se débarrasse de quelques chemises qui n'étaient pas de superflu pour lui, en tire un peu d'argent, dour payer son souper et sa chambre. Le lendemain fier et rayonnant de bonheur il se présente au palais; ô désappointement le majordome le chasse ignominieusement, que faire? l'artiste a faim, il tâte son gousset, à peine quelques sous ; il fait le tour de la ville, assouvit sa faim avec un morceau de pain et se désaltère à une fontaine publique. Combien d'entre vous ô pauvres artistes font encore de ces déjeuners-là !

Comme le soleil est à pic, Gilbert va sur la grande place chercher un peu d'ombre ;

à peine le garçon d'auberge l'a-t-il aperçu qu'il accourt et lui dit.

— Monsieur votre déjeuner est servi.

— Et qui vous a dit de me servir? reprend fièrement l'artiste.

— Le prince, répondit le valet en se courbant humblement, et Monseigneur vous a fait aussi préparer un appartement.

— Gilbert sentit rnaître un nouvel appétit et fait honneur à ce repas inattendu. En effet, le maître avait réparé la sotise du laquais. Le prince prit l'artiste sous sa protection, et l'envoya dans les églises faire des statues. Lorsque Gilbert se vit quelques mille francs dans la poche, il quitte le prince pour aller travailler à Rome. A son arrivée dans la ville sainte, Gilbert qui peignait assez passablement la miniature, fut prié par un jeune Seigneur de faire le portrait de la marquise de *** Trois fois heureux et cent fois malheureux! s'écria un poète romain, ami de Gilbert, à qui celui-ci venait de parler de sa commande.

— Oh! tu verras, tu verras, et il s'éloigna.

Gilbert fut exact au rendez-vous, et sa main trembla de ne pouvoir reproduire l'inimitable modèle qu'il avait devant les yeux. Ce fut bien autre chose quand il se mit à l'œuvre; une main fine et blanche distrayait fort souvent l'artiste par mille taquineries qui consistaient à renverser le verre d'eau, à soustraire les pinceaux, à mélanger les couleurs; puis elle lui avait singulièrement ébloui les yeux, à vrai dire. Cette première séance fut bien longue, bien longue, sans que la marquise s'en plaignit... Mais les autres furent trop courtes au gré du peintre, car on le forçait brutalement à ne pas négliger ses pinceaux... Cette marquise était une coquette unique peut-être.... Inexplicable monomanie!... Si bien que Gilbert mangea son argent à Rome, à rêver et à dormir sous les fenêtres de la marquise, au lieu de travailler.

— Je suis enchaîné ici comme toi, dit un jour le poète au sculpteur... Mais tu resterais cent ans à Rome que tu n'effleurerais pas une seconde fois seulement le bout des doigts de cette divinité. Nous sommes ainsi plus de dix dans la ville.

Voilà donc Gilbert qui a perdu tout son temps à Rome ; il retourne à Parmesan ; l'arrivée de l'armée française dans cette ville lui fait perdre son protecteur, mais comme il avait laissé d'impérissables souvenirs dans toutes les églises de la basse Italie, il trouvait facilement du travail. C'était avant tout un artiste nomade ; dans ses courses vagabondes, il arrive à Bologne ; le sculpteur Donna-Maria, chez lequel il se présente, lui répond qu'il ne fera rien en sculpture dans la ville, mais que s'il avait sû graver, il l'aurait recommandé à quelqu'un qui lui procurerait de l'ouvrage dans les monnaies de Venise.

— Je sais graver, répond intrépidement Gilbert, et le voilà encore une fois parti.

Un concours était ouvert à Venise pour les effigies de nouvelles pièces de monnaie. Heureusement pour notre héros que le concours n'était que pour le modelé; il obtient le grand prix. Il se fait payer une partie de la somme qui lui était due, sous prétexte que ses outils étaient restés en gage à Milan, et qu'il avait besoin d'argent pour les ravoir; il va bien à Milan, mais pas pour autre chose que pour apprendre les premiers principes de la gravure qu'il ignorait complètement. Trois semaines lui suffisent, et il revient à Venise s'installer à la Monnaie. A l'entrée de l'armée française sa place lui est enlevée; il en sera quitte pour un voyage jusqu'à Florence! Là, Gilbert s'occupe dans les albâtres de Pisani. Il y fait connaissance avec le sculpteur Bartholini qui plus tard en France l'aida à déployer ses ailes.

Le comte Enguilane, ayant établi une grande manufacture d'albâtres, appela Gilbert pour l'y mettre à la tête. Il s'établit entre eux une amitié intime que rien ne troubla, pas même les enfantillages sans nombre du jeune sculpteur ; entre autres, celui-ci qui faillit couter la vie à l'artiste. Le comte Eguilane était fort riche, et souvent donnait des représentations sur un théâtre qu'il avait dans son château. Un jour donc, qu'une de ces fêtes brillantes étaient préparées, Gilbert, sollicité par quelques dames de sa connaissance, pour leur procurer des billets, ne put les obtenir du comte qui en avait limité le nombre. Une idée burlesque traversa tout à coup la tête de Gilbert ; en fait d'espiégleries et de tours spirituels, il ne le cédait à personne. Il se retira en disant au comte qu'en dépit de tout, le spectacle n'aurait pas lieu. Voila notre Gilbert qui se dirige au plus vite chez le graveur qui avait fait les billets d'invitation, s'empare de la planche et tire environ deux ou trois cents billets en ayant soin d'avancer d'une bonne heure celle arrêtée par le noble amphitrion; puis il les distribue à toute la canaille des faubourgs, émerveillée de cette délicate attention d'un seigneur. Vient le moment indiqué et les abords du palais sont envahis; jugez de la stupéfaction du comte d'Enguilane, lorsqu'au lieu de cette belle et élégante aristocratie qu'il attendait, il trouve de robustes gaillards qui réclament énergiquement l'ouverture de la salle, au plus vite. De ce moment c'est une émeute qu'il s'agit de dissiper; mais comme le bon peuple n'aime jamais mettre pour rien ses habits des dimanches, il veut un spectacle à tout prix; il tourne alors sa fureur contre l'auteur découvert de cette mystification; et le pauvre Gilbert allait payer de sa vie cette mauvaise plaisanterie, si le comte n'était parvenu à le faire évader de la ville. Il passa la nuit dans un marais, battu par la pluie, et le lendemain il gagne la cité voisine. Gilbert est de nouveau aux prises avec la misère, et recommence sa vie vagabonde. Il accourt à Paris embrasser son père et son frère, puis retourne à Naples près de Championnet dont il était l'ami. Il y arrive dans un cruel moment; Naples est en ébullition, une révolution vient d'éclater; il se trouve indirectement compromis; il est fait prisonnier de guerre, après avoir reçu un coup de baïonnette qui lui traverse les reins; il est inhumainement attaché aux brides des chevaux, qui l'entraînent en dépit de la longue trace de sang qu'il laisse sur ses pas; et pour aider sa faiblesse, les cavaliers qui lui servaient d'escorte (c'étaient des Grecs) lui frappaient la tête à coup de sabre. Cette blessure n'était pas la première et ces coups de sabre gratuitement distribués non plus, le crane et la figure du pauvre martyr sont sillonnés de huit larges cicatrices, joignez à cela cinq ou six coups d'épée provenant de onze duels, et dites-nous si l'existence de Gilbert n'a pas été sauvée par une sorte de miracle. Le ciel voulut conserver un grand artiste. Le pauvre prisonnier eut de terribles tortures à supporter, la faim, la misère dans toutes leurs horreurs; mais là, comme dans toutes les occasions de sa vie, il apporta une singulière philosophie un peu germaine avec celle de Gilblas dont nous parlions plus haut; il n'y eut pas de bonne supercheries qu'il n'ait appelées à son aide pour se garantir de la faim; tantôt, se réduisant à mendier, soit pour son propre compte, soit pour le compte de quelques compagnons plus humiliés et moins résignés que lui, tantôt se souvenant de ses meilleurs tours d'enfant pour escamoter leur pitance à de moins adroits que lui ; puis à quelques heures de là, relevant fièrement la tête, et étalant toute sa dignité d'homme à la face de ses ennemis. Enfin, le décret de Napoléon après la bataille de Marengo, lui rend sa liberté et il revient à Paris. Que dites-vous de tout cela, nos bons lecteurs? ne voila-t-il pas un vrai roman! Eh bien! ce roman est la vie exacte, moins quelques détails des plus amusans d'un de nos sculpteurs les plus distingués, quelle que soit son école; c'est la vie du baron Bosio.

Ici nous entrons en plein dans sa carrière laborieuse d'artiste. Bosio à son arrivée dans la capitale débuta par faire quelques *illustrations* qu'il vendait à un petit marchand d'estampes; ce même Bartholini qu'il avait connu jadis en Italie et dont il avait été peut-être le maître, et qui connaissait bien le talent de

Bosio, le recommanda à Denon, qui le reçut d'abord assez froidement, mais plus tard fut bien forcé de lui ouvrir les bras, car le jeune artiste se présentait à lui avec le modèle des bas-reliefs de la Colonne Vendôme ; et Bosio commença par attacher son nom à un impérissable monument.

Ce fut là un coup de gloire et de fortune pour lui. Denon lui commanda son buste ; le sculpteur s'en tira à la satisfaction du grand ordonnateur ; Bosio venait en même temps d'exposer le modèle en plâtre d'une statue de *l'Amour*, qui obtint du succès ; Denon n'eut pas grand'peine à convaincre l'Impératrice Joséphine que nul artiste n'était plus capable de tailler son buste à elle, que celui qui avait si bien fait l'Amour ; (1) la proposition fut acceptée, et l'Impératrice en outre commanda à Bosio la statue de l'Amour en marbre. De ce moment les succès du sculpteur eurent un grand retentissement à la

(1) Le Madrigal est historique.

Cour; c'était à qui voulait parmi les têtes couronnées, poser devant Bosio. Ici nous devons rapporter une anecdote très-piquante; la Reine de Hollande assez laide comme chacun à pu le voir ou l'apprendre, sollicitait fort l'honneur d'avoir son buste fait par Bosio; elle chargea de négocier cette affaire. Denon qui sans en avoir parlé à l'artiste, répondit à S. M. qu'il avait éprouvé un refus. Denon redoutait que Bosio ne saisit trop bien la ressemblance et ne tombât ainsi en défaveur; à quelque temps de là, la Reine rencontra Bosio et lui reprocha de la manière la plus spirituelle et la plus gracieuse son refus.

— Est-ce donc lui dit-elle, que je suis trop laide? mais tenez ajouta S. M. je puis en appuyant le bas de mon visage sur le dos de ma main cacher ma bouche et une partie de mon nez; les Anciens ont fait ainsi plusieurs statues.

— En effet elle essaya la pose, et il restait

deux beaux yeux et un front admirable.

— Je ne suis point courtisan, Madame répliqua l'artiste, je vais vous parler franchement; le nez de V. M. est en effet assez fort, la bouche de V. M. est très-prononcée ; tout cela est un peu la faute des années ; je vais vous faire à l'âge de dix-huit ans, vous n'aurez par ce moyen besoin de rien cacher. La Reine ne se fâcha point, accepta l'offre, l'artiste tint parole, recomposa son modèle, et le buste fut néanmoins très-ressemblant. L'Empereur prit Bosio en belle affection, le logea et lui donna un atelier au château, l'admit dans sa plus grande intimité, et le combla de bienfaits dont le sculpteur a su, mieux que d'autres, lui garder reconnaissance.

— Bosio fit la statue en marbre de l'Impératrice Joséphine, le buste de l'Impératrice Marie-Louise, les statues du Roi et de la Reine de Westphalie qui obtinrent un grand succès au salon. Les faveurs de Napoléon et l'honneur d'immortaliser tant de souverains et souveraines, entraînèrent à leur suite des haines profondes, de bonnes jalousies et de solides inimitiés, c'est de rigueur.

— Tailler quarante-quatre bustes des principaux personnages de l'Empire et de la Restauration ne suffisaient pas à Bosio; nous énumérerons tout-à-l'heure quelques uns de ses principaux travaux. Le dernier hommage que Napoléon rendit à son talent fut de le nommer chevalier de la Légion-d'Honneur, mais pendant les Cent Jours; cette nomination comme toutes les autres fut annullée, plus tard nous vous dirons comment Louis XVIII lui rendit sa croix.

— Bosio avait conservé de hauts protecteurs qui le servirent bien auprès du Roi de France, en dépit de quelques intrigues à la tête desquelles s'était mis, nous ne savons trop pourquoi, le duc de Blacas. A ce propos nous rapportons un mot de Louis XVIII qui fait honneur à la délicatesse de son esprit et la noblesse de son cœur.

Un jour que le roi posait pour son buste, Bosio en parlant de l'Empereur, ne se gênait pas pour l'appeler *Sa Majesté,* c'était hardi et téméraire pour l'époque ! Aussi le duc de Blacas qui se trouvait présent ne manqua-t-il pas d'observer au Roi assez haut pour que Bosio l'entendît, qu'il protégeait un Bonapartiste.....

— M. le duc, reprit Louis XVIII de sa voix flûtée, je ne vois là qu'une chose c'est que l'homme qui devant moi ose traiter de *Majesté* l'assassin de mon cousin d'Enghein, a la mémoire des bienfaits, que s'il se souvient de son premier bienfaiteur, il n'oubliera pas le second.

— De ce jour le triomphe de Bosio à la nouvelle Cour fut consolidé ; on créa pour lui la place de premier sculpteur du Roi ; cette charge était nouvelle car elle n'avait existé sous aucun règne, si ce n'est sous Louis XIV qui l'avait instituée pour un sculpteur italien le Chevalier Bertin. Sur l'observation du duc Decazes, Louis XVIII fut fort étonné que Bosio n'eût pas la croix, qu'il n'avait jamais songé à réclamer. Un jour que S. M. se trouvait dans les salles de l'exposition de l'Industrie, où le Ministre avait donné rendez-vous au sculpteur, qui se dérobait de son mieux aux regards du Monarque ; S. M. l'appela, et lui dit d'un air fort étonné :

— Comment se fait-il Bosio, que vous ne portiez pas votre croix ? c'est ainsi qu'il la lui rendit en public.

Peu de temps avant il avait été élu membre de l'Institut, qui le nomma professeur ; M. Bosio ne ferma son école, d'où est sorti bon nombre d'excellens artistes, qu'à la mort du Baron Gros qui avait été son ami et son compagnon de gloire ; et voici comme : les dénigrations qui avaient frappé le vieux peintre sur ses derniers jours, firent une sensation profonde sur le vieux statuaire; son cœur en fut blessé, il arriva un matin à son atelier, triste et abattu; tous ses élèves étaient assemblés.

— Messieurs, leur dit-il d'une voix pleine d'émotion et d'indignation à la fois, vos camarades quelque temps avant la mort de Gros, l'ont vilipendé, l'ont traîné dans la boue, et après sa mort, ils ont sali la mémoire de leur maître; retirez-vous, je ne veux plus de vous, car vous en feriez peut-être autant pour moi. L'atelier fut fermé le soir même. Nous osons espérer que M. Bosio s'était trompé.

La dynastie de juillet le trouva un peu boudeur; car Louis XVIII ne s'était pas trompé, si l'artiste avait gardé le souvenir de toutes les bontés de l'empereur, il était aussi reconnaissant envers la restauration qui lui avait rendu sa croix (*), fait membre de

(*) Il est aussi Chevalier de l'ordre de Séville de Savoie.

l'Institut, décoré de l'ordre de saint Michel (par Louis XVIII, après la statue de la place des Victoires) nommé premier sculpteur du roi, officier de la légion d'honneur (par Charles X) anobli du titre de baron (par Charle X, après la quadrige du Carrousel). Or, il faut le dire, la révolution de juillet qui semblait avoir oubliée tous les titres du vieux statuaire, lui retira brutalement une pension que lui avait accordée la restauration; mais du jour où le roi Louis-Philippe s'est souvenu de lui, M. Bosio n'a point persévévéré dans sa bouderie, et la paix a été signée sur un beau buste de la reine des Français; aujourd'hui l'artiste confond dans une même reconnaissance, que les opinions politiques ne doivent pas atteindre, l'empire, la restauration, et la nouvelle dynastie.

Après les mille travaux épars que le sculpteur a laissé de ci et de là dans toutes les villes de l'Italie pendant sa vie nomade, nous citerons des œuvres d'une grande importance qui nous appartiennent, et qui nous autorisent à réclamer M. Bosio comme un artiste français : *Aristhée* (en marbre), l'*Amour séduisant l'Inocence*, (en plâtre), *Hyacinthe*, (au Luxembourg), la statue en marbre du duc d'Enghien, (à Versailles), *Hercule* (au château des Tuileries), la statue équestre de Louis XIV, sur la place des Victoires, avec les bas reliefs. Les deux figures, en grande proportion, de la *Fidélité* et de la *France*, (dans la salle des Pas perdus), la statue de Monthyon, (sous le portail de l'Hôtel-Dieu), la statue du roi de Rome, (petite proportion), le petit modèle de la statue équestre du général Saint-Hilaire. Le Quadrige du Carrousel. Un monument pour la Russie, cinq groupes (colossal). Le grand modèle de la statue pédestre de Louis XVIII, (a été brisé faute d'emplacement), la petite Salmatie, (au

Luxembourg) La statue de Napoléon, pour la colonne de Boulogne (bronze de quatorze pieds). Un Ange montrant le ciel à Louis XVI, (dans la chapelle expiatoire). Cette année il a exposé au Louvre le modèle d'une statue (Flora). Nous prononcer sur ces divers ouvrages, serait un peu tardif. M. le baron Bosio a bien voulu nous montrer le modèle d'un groupe en marbre, destiné au Musée de Versailles; nous ne croyons pas nous tromper en présumant que cette nouvelle œuvre sera digne en tous points de ses aînées. La France, ornée du casque de François Ier, assise sur le trône de Dagobert, tient d'une main l'olivier de paix, et de l'autre une lance prête à frapper l'ennemi. Cet accoutrement de la France nous a paru, avouons-le, un peu banal; à ses pieds, à droite une femme représentant l'Histoire, écrit les annales sous sa dictée; cette partie du groupe nous a frappés par sa pureté, puis à gauche, en plus petite proportion, trois allégories, la Peinture demandant conseil à la Sculpture, et l'Architecture se riant de ses deux sœurs. Cela nous a paru au moins inutile, ou s'il fallait représenter les arts, pourquoi ne les avoir pas tous représentés? M. Bosio tient essentiellement, et par son âge et par la nature de son talent, à l'école tant critiquée de nos jours, de David, école vouée corps et ame à l'antique, ennemie de toute innovation, sinon de tous progrès; attachant quelquefois un prix infini à des minuties de détails qui, selon ses adversaires, suppléent à l'inspiration, selon ses partisans, dénotent un grand fini de travail. Mais, M. Bosio, lui aussi a innové à sa façon, lui aussi a fait une révolution dans l'art en ramenant le goût égaré de l'autre siècle à l'étude *vraie* de l'antiquité, en l'arrachant aux afféteries de de la nature de convention. Comparez-le à Chaulé, et vous verrez ! son rêve à lui, c'est la recomposition continuelle de la nature; rappelez-vous l'aventure de la reine de Hollande; c'est là tout son secret. Du médiocre faire le beau parfait, à tout prendre, peut-être est-ce aussi de la convention? en nous occupant plus tard d'un statuaire de l'école moderne, nous serons bien forcés de mettre en présence les deux armées.

M. Bosio a essayé une fois ou deux de la peinture dans ces dernières années; mais ce sont là, à coup sûr, de ces souvenirs qu'il voudrait bien couvrir du voile de l'oubli.

Une chose qu'on devra se rappeler, c'est que M. Bosio est élève de *lui-même*; et qu'il n'a jamais eu d'autre maître que sa volonté.

L'Ouvrage se composera de 104 Livraisons formant six volumes.

Il paraît une livraison tous les Samedis, — 3 volumes par an.

Les personnes qui souscriront d'avance, pour un volume, au prix de 4 fr. 25 c. pour Paris, 5 fr 25 c. pour les départemens et 7 f. pour l'étranger, recevront franco, à domicile chaque livraison.

Toute demande ou réclamation doit être adressée *franco* au bureau, rue Grange-Batelière n° 2.

EN VENTE :

ALEXANDRE BATTA. (Insrumentiste)
EUGÈNE-DELACROIX (Peintre).
GAETANO DONIZETTI. (compositeur)
CASIMIR DELAVIGNE. (écrivain)
LE BARON BOSIO (sculpteur)

On souscrit également chez :
BOUQUIN-DELASOUCHE, libraire,
15-16 Passage Vendôme.

Imprimerie D'AMEDEE-SAINTIN, rue Saint-Jacques, 52.

Pour paraître très prochainement.

EMMANUEL

Par Xavier EYMA. — 1 volume in-8

Sous presse :

LE HAMAC

Par Xavier EYMA et Arthur de LUCY.
2 volumes in-8.

BIEN-AIMÉE

Par Arthur de LUCY. — 1 volume in-8

MAURICE

Par Xavier EYMA. — 2 volumes in-8.

ÉCRIVAINS ET ARTISTES VIVANTS,

FRANÇAIS ET ÉTRANGERS.

BIOGRAPHIES AVEC PORTRAITS.

PAR

X. EYMA ET A. DE LUCY.

> Quique sui memores alios fecere merendo,
> Omnibus his niveâ cinguntur tempora vittâ.
> VIRGILE.

Comédiens. — **Bouffé.**

6e *Livraison.*

PARIS,
A LA LIBRAIRIE UNIVERSELLE,
13, place de la Bourse.
ET CHEZ TOUS LES LIBRAIRES.

1840.

IMPRIMERIE DE AD. BLONDEAU,
rue Rameau, 7.

BOUFFÉ.

ÉCRIVAINS ET ARTISTES VIVANTS,

FRANÇAIS ET ÉTRANGERS.

COMÉDIENS.

BOUFFÉ.

— Mox juvenis pariterque senex.

Vous est-il arrivé de voir représenter le même soir, au théâtre du Gymnase, *Michel Perrin* et *le Gamin de Paris?* Vous avez alors assisté à un merveilleux spectacle, et à une des plus étonnantes transformations que l'intelligence puisse faire subir au corps.

Vous vous trouvez d'abord en présence d'un vénérable curé de campagne qui a été injustement renvoyé de son modeste presbytère, et qui, après être venu à Paris chercher un emploi quelconque et solliciter

4*

auprès d'anciens camarades de sa jeunesse, se trouve enrégimenté, sans s'en douter le moins du monde, dans la corporation des mouchards.

Chaque fois qu'il demande ce qu'il a à faire, on lui donne de l'argent, et on lui répond : Promenez-vous, allez dîner dans les meilleurs restaurants, observez, et venez nous raconter ce que vous aurez vu.

Le bonhomme trouve le métier facile ; mais il aurait mieux aimé s'occuper sérieusement, car il est fort instruit ; cependant, il faut bien satisfaire le gouvernement et gagner son argent. Il va voir passer la revue, il dîne parfaitement, il observe les beaux monuments de la capitale ; mais il ne comprend pas pourquoi le gouvernement lui a ordonné l'exercice et les bons dîners. — On le fait causer, et il cause, car il ne demande pas mieux ; bref, il sauve deux fois la patrie sans le vouloir et sans même savoir qu'elle fût en danger. Ce n'est qu'à la fin qu'il s'aperçoit qu'on s'est servi de lui comme d'un instrument infâme, et qu'il s'est toujours abusé sur l'emploi qu'il croyait occuper dans l'État. Alors, comme vous le pensez bien, l'honnête pasteur suffoque de douleur et d'indignation, et ne se console que quand on lui rend son humble cure si regrettée.

Croyez-vous qu'il soit possible d'exprimer plus parfaitement la simplicité d'un pareil caractère? d'entrer plus profondément dans les nuances? de mettre plus de bonhomie sur sa figure et dans ses gestes? de faire une allocution plus paternelle et plus touchante à de jeunes conspirateurs qu'on est chargé de questionner, et dont il faut surprendre les secrets? Peut-on se méprendre plus naïvement et les congédier avec une plus ravissante ingénuité?

La toile tombe, et, quelques minutes après, vous voyez arriver un de ces francs lurons dont Paris abonde: tout gaieté, tout pétulance, timides et effrontés tout à la fois, railleurs, polissons, casseurs de vitres, et pourtant sensibles et reconnaissants, toujours prêts à donner un coup de poing ou un coup de pied, et ne demandant pas mieux que de rendre un service; se faisant un malin plaisir de lancer à tour de bras leur toupie contre les tibias secs et sonores de quelque vieillard grognon et refrogné, dont la physionomie leur déplait, puis, un quart d'heure après, courant se jeter à l'eau et risquer leur propre vie pour sauver celle du premier venu qui se noie. Véritables enfants de la rue, insouciants et étourdis, qui vivent en plein air, qui sautent, qui chantent et qui rient toujours.

Cet espiègle vaurien que vous voyez vingt fois par jour passer sous vos fenêtres, et qui s'installe devant votre porte ou devant la mienne pour jouer aux billes, vous le retrouvez là, sur la scène, et vous l'avez reconnu, c'est lui, c'est votre gamin, à vous et à moi : c'est le gamin de Paris!

Eh bien! ce sexagénaire et cet enfant de quinze ans, ce bon vieux curé et ce mauvais garnement ne font qu'un seul et même homme, et ce Janus à double face, c'est Bouffé!

Marie Bouffé est né le 4 septembre 1801. Fils d'un peintre et doreur en bâtiments, il apprit de bonne heure à broyer des couleurs et à barbouiller de grandes toiles. Son père le destinait naturellement à suivre la même carrière que lui; mais le ciel avait déjà disposé de l'avenir du jeune Bouffé : l'instinct mimique s'éveillait rapidement en lui et s'emparait à son insu de toutes ses pensées. Dès l'âge de sept à huit ans, il manifesta son goût pour le théâtre.

Tous les jouets qu'on donne ordinairement aux enfants avaient peu d'attraits pour le jeune Marie; il n'en voyait, n'en reconnaissait, n'en aimait qu'un, et ce jouet était fastueusement appelé *Comédie*.

C'était un *monument* en carton qui pouvait bien avoir dix-huit pouces de largeur et trente pouces de hauteur. Comme il était heureux et fier d'avoir un pareil édifice en sa possession!

Marie suffisait seul à l'exploitation de son théâtre : propriétaire et directeur, il s'était attaché lui-même en qualité d'auteur à son établissement. (O M. Scribe ! où étiez-vous ?) Il était en outre garçon de théâtre, décorateur, lampiste, souffleur, et, à lui seul, il remplaçait tout l'orchestre. Bref, il cumulait, le rapace ! il cumulait comme il n'est heureusement pas possible de le faire dans des proportions plus larges, au grand regret, je n'en doute pas, de beaucoup d'amateurs très connus de nos jours.

Marie avait engagé une troupe d'acteurs ; mais voyez à quelles conditions :

1° L'engagement était indéfini. Le directeur seul avait le droit de rompre, si le marché venait à ne plus lui convenir ;

2° Les appointements étaient de 25 sous pour toute la durée de l'engagement. Les acteurs devaient apporter leurs costumes ;

Nota. — Ces appointements étaient payables à l'avance.

3° Le directeur se présentant comme chef

d'emploi dans tous les rôles à la fois (l'intrigant!), il était défendu aux acteurs de prononcer la moindre parole en scène. Ils devaient se borner à faire tous les gestes qui leur plairaient. — Combien de directeurs doivent envier une semblable économie! combien d'acteurs voudraient pareillement réduire leurs camarades à jouer le rôle de mannequin!

Par exemple, le spectacle se donnait gratis. En bon prince, Marie conviait ses petits voisins à venir assister à ses représentations; et là, c'étaient des rires, des bravos, des trépignements à n'en plus finir, et Marie, au comble de la joie et du délire, agitait les fils de ses pantins, criait, gourmandait, cajolait, gazouillait et se démenait, à la grande satisfaction de ses auditeurs.

Innocents badinages qui sont devenus des choses sérieuses!

Marie grandissait, et son amour pour le théâtre grandissait aussi: les succès et les applaudissements échauffaient et fomentaient en lui cette vocation déjà si nettement formulée. La comédie en carton fut déclarée trop petite; il fallait... Quoi? en acheter une autre? Non, pas! quelque grande qu'on l'eût choisie, elle eût été encore trop petite pour contenir cette jeune ambition : il fallait en bâtir une! — Oui, bâtir! Et voilà que dans les ateliers du père, on se met à construire un théâtre; on se prive de tout pour faire quelques économies, et avec ces économies, on se procure un matériel convenable.

Mais les décors? Vous avez oublié que Marie savait barbouiller. Le pinceau à la main, il s'attaque aux planches, il s'attaque aux toiles, il s'attaque à tout; et comme il faut qu'il s'occupe de son état pendant la journée, il travaille la nuit à peindre ses décors; pas de sommeil, mais tant pis, que lui importe : c'est un théâtre qu'il veut, il le lui faut, et parbleu! il l'aura.

A la bonne heure! au moins on peut marcher sur cette scène; on peut entrer et sortir; on peut causer; on peut rire, et cela, par soi-même : en un mot, on peut jouer ce qui s'appelle véritablement la comédie.

Marie donna quatre représentations sur ce théâtre, aux fêtes de son père et de sa mère.

Ces exercices n'avaient pourtant aucun but sérieux ; le jeune Marie n'avait pas l'intention de se faire comédien ; cette idée ne lui était jamais venue, car il travaillait avec zèle et application dans les ateliers de son père, et, comme il le dit lui-même, il adorait son état.

A cette époque, il était répareur en plâtre, et aussi répareur en dorure, *ce qui est une espèce de sculpture*, ajoute Bouffé. — Voyez jusqu'à quel point cet homme est né ARTISTE ! comme il envisage toute chose sous son aspect le plus grand et le plus sévère ; comme il accouple l'esprit à la matière, tant il a compris qu'en la retournant dans tous les sens, l'intelligence peut trouver au fond de la veine la plus grossière un filon plus ou moins précieux, visible pour elle seule, et qu'elle seule peut exploiter !

Faut-il nous étonner, après cela, de la perfection à laquelle Bouffé est arrivé? de toutes les ressources et de toutes les richesses qu'il déploie dans son jeu, si savant et si expressif? Oh! non. S'il est monté si haut dans les régions élevées de l'art, c'est qu'il a commencé par en sonder une à une toutes les profondeurs.

C'était donc pour son plaisir seulement que le jeune Marie se livrait à ces études dramatiques; en cela, il obéissait machinalement aux lois de sa nature : il subissait à son insu l'influence d'une impérieuse nécessité. En croyant céder à un caprice, il alimentait un besoin de jour en jour plus exigeant, par les concessions même qui lui étaient faites.

Mais le futur comédien s'ignorait encore. Il ne lui manquait qu'une impulsion, si légère qu'elle fût, pour qu'il se lançât dans la carrière du théâtre. Ses parents eux-mêmes se chargèrent de la lui donner. Quelques uns d'entre eux, lui voyant des dispositions si bien prononcées, lui conseillèrent de jouer devant un public payant.

C'était mettre le feu à la poudre. Une pareille idée, jetée comme une étincelle dans l'esprit de Bouffé, devait nécessairement y produire une explosion. Elle eut lieu, et dès ce moment, il vit clair dans son avenir.

On bâtissait alors le Panorama Dramatique et le Gymnase (1821 et 1822). Le jeune homme se présenta chez M. Poirson, qui lui répondit que sa troupe était complète; il courut alors s'offrir à M. Allaux, directeur du Panorama. Là, il fut agréé.

Et les appointements?

— Trois cents francs par an.

Au bout de dix mois, il jouait dans trois pièces tous les soirs. — Ah! Monsieur l'ancien chef d'emploi qui aimiez tant à cumuler, que dites-vous de celle-là : vous voilà à votre aise, j'espère? Trois pièces tous les soirs! Bien du plaisir! il n'y en a que pour vous; mais parlez..., parlez donc! vous avez trois cents francs pour cela!

Mais non, le pauvre Marie aurait bien voulu qu'on lui ordonnât d'être muet quelquefois, au moins une fois sur trois dans la même soirée, en conscience !

Mais voilà que la direction change ; les appointements du jeune acteur sont portés à quinze cents francs ; huit mois s'écoulent, et un troisième directeur qui survient élève la somme à trois mille francs ! Quel coup du Ciel, et quelle fortune inattendue !

Ces augmentations successives dans le chiffre des émoluments peuvent donner une idée de la rapide progression du talent de Bouffé.

Il n'avait pas encore vingt-deux ans.

Malheureusement, ce nouveau directeur quitta aussi le théâtre au bout de deux mois, et pour comble de calamité ne paya pas ! C'est alors que le pauvre Marie, qui se voyait déçu par un mirage trompeur, et qui n'avait pas seulement palpé une obole des fallacieux trois mille francs dont on l'avait leurré, s'écria dans un comique accès de désespoir :

—Oh! que j'aimais bien mieux mes cent écus par an! au moins j'aurais touché cinquante francs!

Il avait assez d'un pareil apprentissage; il passa donc à la Gaîté en 1824, et y resta trois ans.

De là, il émigra aux Nouveautés en 1827.

Nous nous rappelons encore (nous étions alors bien jeunes), l'avoir vu jouer dans une pièce de notre ami Alphonse Royer, intitulée : *la Jeunesse de Henri V*. La pièce faisait fureur aux Nouveautés, et Bouffé était très remarquable dans son rôle. Plus tard, quand nous l'avons retrouvé au rang des grands acteurs, nous nous sommes félicités de l'impression qu'il avait produite sur nous à cette époque, et du bon souvenir qu'il nous avait laissé.

Enfin, en 1831, il entra au Gymnase, où il est encore.

Le Gymnase devait être nécessairement le théâtre de prédilection de Bouffé. Il avait bien senti que sa place était là, puisqu'il vint l'y chercher la première fois qu'il voulut paraître en public.

Et en effet, à un talent aussi simple, aussi calme, aussi épuré, il fallait une scène où les traditions du bon goût et de l'élégance fussent considérées par dessus tout. Or, le Gymnase jouissait d'une bonne et valable renommée littéraire.

Un auguste patronage l'avait élevé presqu'au rang des temples. M. Scribe y versait les trésors de son esprit si délicat et si fécond, et M. Poirson, par une administration pleine de sagesse et d'habileté, et par quelques pièces aussi spirituelles que bien choisies, le maintenait dans la voie du bon ton et de la distinction. M. Poirson a toujours eu le coup d'œil juste. C'est à son théâtre que le talent de Bouffé s'est surtout formé et développé : N'oublions pas que c'est encore à lui que nous devons en grande partie notre admirable tragédienne, Rachel. — Si, vaincu par la force des choses, le Gymnase a été débordé à son tour par le cataclysme des idées qui ont tout envahi de nos jours; il faut le dire néanmoins, en dépit des critiques qui se sont acharnées contre lui, c'est encore aujourd'hui le seul théâtre léger où l'on puisse convenablement conduire sa femme ou sa fille sans les exposer à rougir.

La véritable sphère de Bouffé est donc la scène du Gymnase. Sans doute la nature élevée de son talent pourrait le mener au Théâtre Français, mais sa débile organisation ne lui permettrait pas impunément de suivre un rôle difficile pendant cinq longs actes. Pour peu qu'il jouât souvent, il finirait comme Molière, et le dénouement de quelque plaisante comédie se terminerait un jour d'une façon tragique, tant il met d'âme et de chaleur dans sa diction et dans ses gestes!

Heureux entre tous, Bouffé a su conquérir toutes les sympathies; captiver toutes les admirations, même celles de ses confrères et rivaux.

Nous croyons faire plaisir à nos lecteurs en citant ici plusieurs passages d'une épître adressée à Bouffé par Arnal. Certes, Arnal est un homme compétent dans la matière, et l'éloge ne sera pas suspect dans sa bouche; nous ne sommes pas fâchés d'ailleurs de reproduire quelques vers de cette pièce assez remarquable sous plus d'un rapport.

Pour célébrer notre héros, Arnal s'écrie en *empruntant la trompette de la renommée* :

> Je redirais les mots que la foule répète ;
> Je peindrais, s'il se peut, l'allégresse des cris
> Que poussent devant toi la province et Paris ;
> Ces rapides progrès que pas un ne conteste,
> Ces succès si brillants que chaque jour atteste.
> Ce chorus général qui te fête si bien :
> Car, pour te proclamer un grand comédien,
> Jeunes gens et vieillards, littérateurs, artistes,
> Tout le monde est d'accord, même les journalistes!

Même les journalistes! M. Arnal, vous nous traitez comme des ogres. Il est vrai que nous sommes assez difficiles. Mais vous n'avez pourtant pas à vous plaindre de nos feuilletons à votre égard. Vous ajoutez en parlant de ces mêmes journalistes : « Le goût les a guidés » ; à la bonne heure ! mais pourquoi mettez-vous ensuite :

> Fidèles à sa loi,
> Ils ont eu le bonheur d'être justes pour toi.
> Grâce leur soit rendue !

Si vous voulez dire par là que nous avons eu le bonheur de rencontrer un véritable comédien, grâce vous soit rendue à vous-même, nous nous entendons parfaitement.

Continuons. Nous trouvons, quelques lignes plus bas, l'appréciation suivante :

> Je me souviens encor que, dans sa polémique,
> Discutant sur l'acteur et le genre comique,
> Naguère un écrivain prétendit, sans raison,
> Etablir entre nous une comparaison.
> Je ne l'acceptai pas. Non, je sais me connaître ;
> Je suis trop loin du but que tu touches, mon maître !
> Ton talent est trop vrai, d'un goût trop épuré,
> Pour qu'il puisse jamais être au mien comparé.
> . . . .
> . . . . Toi, c'est l'art qui t'enflamme :
> Oui, c'est le feu sacré qui brûle dans ton âme.

De tes mobiles traits la juste expression
Commande en souveraine à notre émotion.
Lorsqu'en scène je vois ton ame ainsi guidée,
Jusques à ton labeur j'élève mon idée;
Car je sais tout le soin qu'en secret t'a coûté
Ce mot, ce simple mot, dit avec vérité.

Dire avec vérité! rien n'est plus difficile, en effet. La simplicité, chez le comédien, est rarement un don de nature; elle ne s'acquiert que par le travail et l'étude. Certaines coquettes, à l'affût des succès dans le monde, ne s'étudient-elles pas longtemps dans une glace pour trouver une pose à effet? Que de contorsions et de grimaces elles font avant de rencontrer une attitude un peu gracieuse ou un sourire de bon aloi!

Le naturel est donc une chose bien rare. Et quand on pense qu'il faut au moins dix ans pour faire un comédien passable. Talma, dans les *Mémoires de Lekain*, dit que ce n'est qu'au bout de vingt ans, qu'une personne destinée à avoir un beau talent peut enfin offrir au public des rôles, à peu de chose près, parfaitement conçus et joués dans toutes leurs parties.

Cela se comprend facilement, car l'art dramatique exige une connaissance approfondie du cœur humain, et en même temps une grande force de concentration. Tout en se mettant au lieu et place de son héros, afin de se bien pénétrer de son caractère, il faut encore que l'acteur conserve assez de sang-froid pour se rendre maître de lui-même, et ne pas substituer ses propres sensations à celles qui doivent animer le personnage qu'il représente.

Nous rapporterons à ce propos une anecdote que M. Etienne a consignée dans sa notice sur le comédien Molé.

M. Népomucène Lemercier, après avoir assisté à une représentation où jouait Molé, ne put résister au plaisir d'aller féliciter l'acteur des effets prodigieux de son talent.

— Eh! bien, lui dit Molé, je ne suis pas content de moi aujourd'hui; aussi je n'ai pas produit cette fois, sur le public, la même impression que de coutume. Je me suis trop livré, je n'étais plus maître de moi; j'étais entré si vivement dans la situation, que j'étais le personnage même, et que je n'étais plus l'acteur qui le joue.

La pièce, ajouta Molé, se joue dans quelques jours, venez la voir encore, et placez-vous dans les premières coulisses.

M. Lemercier s'y trouva avec exactitude.

Au moment où arrive la fameuse scène, Molé tourne la tête de son côté, et lui dit à voix basse :

— Je suis bien maître de moi, vous allez voir.

Et en effet, M. Lemercier assure que l'acteur a produit une sensation beaucoup plus forte que le premier jour, et qu'il n'avait jamais vu plus d'art et de calcul pour remuer les spectateurs.

Puisque le nom de M. Népomucène Lemercier s'est rencontré sous notre plume, nous en profiterons pour joindre notre hommage à celui que lui rendent en ce moment les véritables amis des lettres. M. Lemercier a été un des premiers moteurs de la révolution littéraire qui s'est opérée de nos jours.

S'il a oublié dans ses derniers moments que le poète qu'il repoussait de l'Académie ne faisait qu'accomplir l'œuvre de régénération qu'il avait lui-même commencée, n'oublions pas, nous, que l'auteur d'*Agamemnon* et de *Pinto* était honnête homme avant tout, et qu'il était peut-être effrayé (la vieillesse est timide) des résultats de cette croisade qu'il avait jadis prêchée de toutes ses forces. — La mort qui l'a effacé du nombre des vivants l'a malheureusement aussi rayé de notre liste. Honorons donc sa mémoire et déposons sur sa tombe le juste tribut de nos regrets. C'était une belle vie à proposer comme exemple!

Revenons à notre sujet.

Bouffé possède à un haut degré cette faculté de maîtriser et de gouverner sa sensibilité. On voit qu'il s'écoute parler et qu'il se surveille toujours. Il y a pour l'acteur de ces moments d'oubli où il peut lui arriver de laisser percer son individualité sous le masque de son personnage : vous ne prendrez jamais Bouffé dans un flagrant délit pareil. Du moment où il s'est affublé d'un caractère, il l'analysera méticuleusement jusqu'au bout. Survienne un incident; qu'il soit réellement interrompu par une soudaine envie d'éternuer ou de se moucher, la nature ne sera pas la plus forte; Bouffé éternuera ou se mouchera comme aurait pu le faire l'individu dont il est le sosie.

Semblable au *vieux pasteur des troupeaux de Neptune*, c'est l'homme le plus difficile à saisir.

Vous croyez avoir affaire au *Pauvre Jacques*, vous voulez lui parler... Ah! bien oui! il n'est plus là, vous avez devant vous un *muet* venu tout exprès d'*Ingouville* pour vous narguer. Vous lui faites alors les signes les plus expressifs pour vous faire comprendre. Ah! bast, c'est *Trim, l'Enfant de Troupe*, qui vous regarde d'un air ébahi. Vous l'empoignez immédiatement par sa capote, et vous êtes sûr de le tenir... Ah! vraiment, c'est *César, le chien du château*, qui aboie après vous. Vous perdez la tête, et vous vous précipitez les bras en avant..., allez toujours... Voilà maître Hugo... *le Bouffon du Prince*. Voici *Clermont* l'artiste, et puis *Grandet* l'avare... et puis *Maurice*... et puis et puis... mille autres..., et sous tous ces masques divers, vous ne verrez jamais passer le bout de l'oreille du personnage précédent.

Comme nous n'avions sur notre héros que quelques notes qui nous semblaient incomplètes, et comme nous étions désireux, chers lecteurs, de vous édifier autant que possible sur son compte, nous écrivîmes à ce protée pour lui demander quelques détails sur lui-même, c'était hardi. Nous mîmes sur la suscription de notre lettre : ***A Michel Perrin***. Nous ne reçûmes pas de réponse ; c'était triste.

Plus tard seulement, nous apprîmes que ce jour-là Michel Perrin s'appelait *Trim*. Que diable aussi, avec un homme comme celui-là, c'est à ne pas savoir comment s'y prendre !

Après avoir mûrement délibéré, il fut résolu que l'un de nous s'efforcerait d'avoir le courage d'aller saisir le monstre dans son repaire, à l'heure où...

. . . . . . Consueta petens e fluctibus antra
Iret.

ce que nous traduisons par : (à l'heure où) il irait au théâtre du Gymnase, en sortant de chez lui.

Nous n'avons pas cru pouvoir mieux traduire le mot latin *iret* que par le mot français : irait. Nous tirâmes au sort. Le sort tomba sur..... sur moi, parbleu! Ami lecteur! vous devez l'avoir deviné; d'ailleurs, le sort ne m'a jamais épargné.

Me voilà donc en campagne. J'arrive au théâtre (*in secreta senis*), je m'adresse à une nymphe, très respectable portière de l'antre.

— Monsieur...

— Monsieur qui? me répond-elle.

— Madame..., monsieur... chose est-il au théâtre? Je cherchais un nom, et je regardais à droite et à gauche; quand, justement, j'aperçois mon protée qui descendait les marches de l'escalier. J'étais arrivé un peu tard, de sorte que je le trouvais *sortant du Gymnase pour rentrer chez lui*. N'importe !

— Ah ! parbleu ! m'écriai-je en moi-même, je le tiens ce *cœruleus Proteus* ; il sera bien fin s'il m'échappe !

Et, moderne Aristée, je m'élançai vers lui pour l'embarrasser dans les mailles serrées de mon discours ; mais... ô miracle ! il ne changea pas de forme ! Je reculai épouvanté de me trouver si près du dieu dans toute sa nudité ; j'ôtai mon chapeau, et, le saluant comme je le devais, je fis entendre ces paroles mémorables.

— Monsieur....., monsieur Protée, non, Bouffé..., je suis monsieur un tel... ; j'ai eu l'avantage de vous écrire, il y a tant de jours..., pour vous demander quelques détails..... sur...

— Sur moi-même, me répondit-il ; vous voulez écrire ma biographie, vous êtes monsieur... un tel... ; vous m'avez écrit à ce sujet. C'est vrai, j'ai reçu votre lettre..... Mon Dieu!... Ah !...

A ce AH ! qu'il fit suivre d'un petit mouvement d'épaule, je m'avançai d'un pas, et je me mis en devoir de le saisir par sa redingotte ; car je craignais qu'il ne m'échappât par une transfiguration quelconque. Il continua du ton le plus simple possible et le plus doux :

— Ah ! eh ! oui, j'ai reçu votre lettre, mon Dieu, je l'ai prise et je l'ai mise dans mes papiers, et...

— Il n'y a rien d'étonnant à cela, repartis-je... Moi, je suis un peu pressé, c'est vrai; mais vous, vous l'êtes beaucoup... Le temps vous aura manqué..., veuillez pourtant...

— Et je l'ai mise dans mes papiers en me disant : ce monsieur m'a écrit, il faut pourtant que je lui réponde... Et je ne vous ai pas répondu, monsieur ? Ah ! mon Dieu, je suis bien contrarié de cela....

— Cela n'en vaut pas la peine...; vos occupations.....

C'est que je l'aurai oublié voyez-vous... J'ai votre adresse, je l'ai écrite sur un petit morceau de papier..., je l'ai mise dans mon tiroir... Ah! mon Dieu, je suis bien contrarié de cela!...

—Mais non! veuillez seulement me donner quelques notes...

— Ah! oui, mais voilà! je m'en vais vous dire... Ecoutez; si je vous parle de moi-même, on finira toujours par le savoir, et alors on dira : c'est Bouffé qui a dit ceci ou qui a dit cela... et alors... oh! non, franchement, cela ne me va pas, voyez-vous.

— Mais comment voulez-vous que cela se sache?

Oh! cela se sait toujours — Un petit éloge par-ci par-là dans un journal, cela fait du bien, oh! oui cela chatouille..., mais qu'on puisse croire que c'est moi qui ai fait faire un article sur moi-même...; voyez-vous, quand on a un petit peu de cœur... Et il frappait sa poitrine en me disant cela, d'un air tout à fait bonhomme.

— Mais, repris-je doucement, nous agirons avec délicatesse, soyez-en sûr...

— Vous avez donc bien besoin de ma biographie, me dit-il, en croisant les bras d'un air désespéré.

— C'est notre éditeur qui nous la demande, lui répondis-je, et j'aime bien mieux l'écrire d'après des renseignements positifs qu'en me servant de documents que je possède déjà et qui pourraient être inexacts. Voyez, réfléchissez ; d'une manière ou d'une autre, il faut que votre biographie se fasse.

— Eh ! bien, reprit-il, je vous donnerai des notes, je les rédigerai moi-même, et je vous les enverrai.

— Soit !

Mon collaborateur m'attendait avec impatience, je revins au plus vite au logis.

— Eh bien ? me demanda-t-il.

— Ma foi, notre protée est un petit homme bien doux, bien simple, bien modeste, qui n'a pas cherché le moins du monde à m'échapper :

Sous diverse figure, arbre, flamme ou fontaine.

Comme dit le *grand* Jean-Baptiste Rousseau.

Il a le regard vif et intelligent, la physionomie expressive, mais fatiguée et un peu mélancolique. Tel je l'ai vu au théâtre, tel je l'ai retrouvé dans la rue, c'est la même naïveté, le même naturel; les gestes, les intonations sont aussi les mêmes; il est timide et a la pudeur du vrai talent; en un mot, je crois qu'il est moulé sur le type de Michel Perrin. — Nous allons recevoir une lettre de lui.

En effet, la lettre arriva deux jours après; mais, ô détestable supercherie! elle n'était pas signée, et Bouffé n'y parlait de lui-même qu'à la troisième personne du singulier. Elle ne renfermait en outre que quelques dates d'une sécheresse désespérante, et se terminait ainsi: « *Vous savez le reste.* »

Ceci ne vous donne-t-il pas pleinement la mesure du caractère de Bouffé? Inquiet et soigneux de sa renommée, il a tellement peur qu'on lui fasse le reproche d'encourager

IMPRIMERIE DE AD. BLONDEAU,
rue Rameau, 7.

Mme DORUS GRAS.

ÉCRIVAINS ET ARTISTES VIVANTS,
FRANÇAIS ET ÉTRANGERS.

CANTATRICES.

Mme DORUS-GRAS.

Supposons que ce soit aujourd'hui jour d'opéra, et que l'on joue ou les *Huguenots*, ou *Guillaume Tell*, ou *Robert-le-Diable?* Evidemment, la foule est compacte aux portes; ainsi, ami lecteur, dépêchons-nous, s'il vous plaît, de prendre la queue ; car avec un de ces chefs-d'œuvre, il y a double attrait pour le public. Voyez sur l'affiche ces deux noms : Duprez et Dorus, qui y brillent en grosses lettres. Sans eux, point de spectacle, ou le chef-d'œuvre perd moitié de sa valeur. Si vous le voulez bien, les choses se feront plus vite ici qu'entre les barrières du péristyle. — Nous sommes déjà à nos stalles; le redoutable Habeneck tient en main son archet, et, comme Neptune armé de son sceptre, il semble prononcer un formidable *quos ego...* Le silence s'établit; toutes les oreilles sont attentives, toutes les haleines en suspens: car là-bas en face de nous, une jeune femme frêle et mignonne, blonde comme l'antique Vénus, exhale les sons merveilleux d'une voix pure et mélodieuse. Allons, faites comme nous, ami lecteur, faites comme toute la salle, applaudissez, applaudissez!... C'est bien, nous sommes contents de vous.

Maintenant la toile est baissée; jetons un coup d'œil dans la salle : vous la connaissez sans doute; mais il est un coin dont vous avez vaguement entendu parler, une sorte d'antre qu'on appelle *loge infernale* ou *loge des lions*. — Que s'y passe-t-il durant le spectacle ? Ce sont de continuelles allées et venues, un incessant tapage de portes ouvertes et fermées, de frénétiques bravos toujours inopportuns, ou des marques d'improbation, souvent même des sifflets dont le public ignore la cause. Entre ces riches tentures et sur ces chaises de velours trônent les vrais directeurs de l'Opéra, les prétendus sultans des coulisses qu'ils érigent en harem; ceux enfin qui imposent à des directeurs postiches subventionnés par le gouvernement, les premiers rôles, à leur gré, pour telle médiocre chanteuse qu'ils *protégeront* au détriment d'une cantatrice de talent ou d'une femme qui demandera à rester honnête ; qui imposent les pirouettes pour telle ou telle sauteuse, sous peine de siffler et d'interrompre la scène.

Si, d'aventure, ces directeurs postiches dont nous parlions tout à l'heure, dans une promenade aux Tuileries, s'arrêtent à contempler Spartacus brisant ses fers, il leur vient à l'esprit des idées de rébellion; ils jurent de secouer enfin un joug qui leur pèse, et rentrent au logis, hardis, résolus et méditant quelque grande réforme, comme par exemple de faire évacuer les coulisses par leurs tyrans, afin que l'Académie Royale ne soit plus un lieu avoué de débauche et de corruption éhontée, de reprendre la haute main dans la distribution des rôles, afin que le public retrouve l'actrice aimée à la première place, afin de consigner dans l'ombre les prétentieuses rivalités ! — De quoi donc vous avisez-vous là, Messieurs? N'entendez-vous pas cette rumeur, n'entendez-vous pas ces rugissements qui éclatent dans la loge des lions?—Allons, dépêchez, s'il vous plaît, rentrez bien vite dans l'ordre; et de quel droit?... Baissez un peu la voix, rouvrez les portes du harem; on vous en fera les eunuques, que diable! c'est déjà bien glorieux : ne vous mêlez pas des pièces ni des acteurs!

Et de fait, le lendemain, cela est ainsi. Trois tentatives de ce genre ont parcouru ces phases; et, à l'heure qu'il est, les tyrans de l'Opéra ont obtenu un lambeau de victoire; on leur a laissé libre le foyer des sauteuses, qui s'en réjouissent beaucoup! — Permis, il est vrai, en quelque lieu que ce soit, à des filles de vendre leur corps; mais jamais on n'empêchera des hommes sérieux et jaloux des destinées de l'art de se plaindre hautement que le sort du premier théâtre lyrique du monde soit livré aux caprices de quelques oisifs, et de trouver au moins étrange que le public ait souffert aussi patiemment jusqu'à ce jour que l'on fasse affront, devant lui, à ses cantatrices privilégiées, ou que l'on cherche à lui imposer des femmes sans talent, que des *amis* maladroits et ignorants voudraient élever sur le pavois, en dépit du goût, de l'art même, dont ils ne savent pas le premier mot, et de la justice. — Et ne croyez pas, s'il vous plaît, que ce cercle soit composé, comme on se le figure un peu trop généralement, de nos jeunes gens les plus distingués, *des plus beaux noms de France*, comme je l'ai lu quelque part! Point; et si, par hasard, il s'y trouve quelques hommes de naissance, d'éducation, ou même de fortune, ils ne sont pas à leur place, et nous souhaiterions vivement les en voir sortir.

Ce petit bout d'histoire que nous venons d'écrire n'est point un hors-d'œuvre. Nous n'avons pas cru devoir faire taire en nous un mouvement d'indignation bien naturelle contre cette bande de pygmées, nous qui avons eu la douleur, l'an passé, de les entendre presque siffler l'artiste dont nous allons écrire la biographie ; et cela, le devineriez-vous ? pour soutenir une cantatrice d'un talent honorable, et à qui de pareils moyens doivent certainement répugner. Or, en voilà assez sur des gens trop peu importants pour nous avoir occupés si longtemps. S'il ne nous avait pas été nécessaire de dire quelles mains profanes avaient jeté la seule pierre qui ait troublé la limpidité des succès de Mme Dorus-Gras, nous nous serions tus. Fuyons donc au plus vite l'atmosphère des coulisses, où nous ne reviendrons guère ; coudoyons tous ces chanteurs sans voix, toutes ces cantatrices qui ne le sont que de nom, laissons de côté toutes ces sauteuses nues dont les plus ingambes sont appelées danseuses ; de celles-là même nous ne parlerons pas, mais jetons leur un mot de consolation en passant : Que si à nos yeux elles ne sont pas des *artistes* et n'ont pas de titres pour figurer dans notre galerie, c'est que nous les regardons, si elles le veulent, comme des *sylphides* que nous ne pourrions atteindre dans leur vol léger à travers les nuages. Fuyons donc au plus vite ces coulisses, et entamons notre biographie.

Il y avait à Valenciennes un vieil officier qui, rentré dans ses foyers domestiques, après avoir rapporté des champs de batailles bon nombre de blessures, des états de services bien remplis, avait mis de côté l'uniforme pour endosser l'habit bourgeois, et au lieu du sabre vainqueur s'était armé du pacifique archet de chef d'orchestre au théâtre de la ville. Son oreille ne s'était point gâtée au bruit du canon, il avait gardé bon souvenir des suaves mélodies qui charmaient sa jeunesse; il était revenu, comme devant, excellent musicien, et passionné pour son art.—Une douce enfant, chaste et gracieuse créature vivait à l'abri de son aile paternelle. Le vieux militaire n'avait plus qu'une ambition; il guettait heure par heure, avec une inquiète sollicitude, le moment où viendraient à éclore dans cette âme les premiers germes qu'il y avait semés d'un art dont il était enthousiaste. Il tressaillit de bonheur le jour où il entendit la petite Julie fredonner assez passablement quelques airs qu'il lui avait appris. De ce moment, il s'attacha à développer en elle le précieux instrument que la nature lui avait donné, et Mlle Julie commença, sous la direction paternelle, des études fortes et sagement combinées; les progrès étaient rapides, le maître doublait de soins, et, grâce à l'intelligence de l'élève aussi bien qu'à l'expérience et la distinction du talent de son père, Mlle Dorus avait bientôt vaincu d'une manière éclatante les plus pénibles difficultés.

Le temps était venu où l'oiseau devait quitter son nid pour prendre sa première volée au grand soleil, et jeter aux échos les premiers accents de sa voix. Mlle Julie allait franchir le seuil de l'enfance, pour entamer sa vie d'artiste. Moment cruel et gros d'anxiétés! Qui sait? peut-être une aurore splendide qui va se lever sur son avenir! Peut-être un matin chargé d'ombres et de nuages portant dans leurs flancs une tempête qui enveloppera toute son existence! C'était à un concert public que la jeune cantatrice devait subir son épreuve.

Voyez-vous d'ici ce père tremblant et suffoqué d'émotion! Où conduisait-il cette enfant qu'il tenait par la main? A la gloire ou bien au martyre? Quel regard de douleur il dut jeter derrière lui! Peut-être hésita-t-il! Mais lorsqu'il vit cette jeune fille calme et forte, car sans doute une sorte d'inspiration intérieure l'illuminait à cette heure suprême, son cœur dut renaître, son pas se raffermir, et il marcha plus plein d'espérance. Mais ses angoisses n'étaient pas finies; elles durent être terribles lorsque l'enfant monta sur l'estrade...; le courage et l'énergie du soldat avaient disparu devant l'anxiété paternelle: il pouvait mourir au moment où les premières notes éclatèrent... Horrible torture!... Mais la vie lui revint, il releva fièrement la tête, qu'il tenait cachée dans ses mains... les bravos avaient couvert la voix de sa fille!..... L'avenir s'ouvrait riche et serein pour Mlle Dorus! c'est à peine si elle comptait alors dix ou onze ans.

A quelques jours de là, le conseil municipal, au milieu de ses discussions d'édilité, de pavage, d'éclairage, souleva une question dite *frivole*; les succès d'une enfant avaient mis en ébullition les têtes ordinairement les plus antipathiques aux arts; enfin, on vota à l'unanimité que Mlle Dorus serait envoyée au Conservatoire de Paris aux frais de la ville, avec une pension dont le conseil municipal fixa la durée à trois ans. C'était le complément du succès qu'elle venait d'obtenir. Or, le conseil savait bien qu'en agissant ainsi, il s'adressait à qui pourrait un jour lui donner les plus éclatantes preuves de gratitude. Comme dit Malherbe dans une de ses lettres : « La gloire est la monnaie dont les petits paient les bienfaits des grands. » Nous demanderons néanmoins si aujourd'hui le conseil municipal n'est pas un peu le débiteur de sa protégée !

Mlle Julie Dorus entra au Conservatoire, en décembre 1821, dans les classes de MM. Henri et Blangini; et, la première année de ses études, elle obtint le prix de chant. Mlle Dorus, alors comme aujourd'hui encore, n'était pas femme à se laisser éblouir par un triomphe; elle comprenait, elle comprend toujours que les conseils, à tout âge, en toute occasion, ne sont jamais inopportuns; elle rechercha donc avec avidité ceux de Paër et de Bordogni. Elle ne pouvait pas mieux s'adresser qu'à ces deux excellents professeurs : Paër, qui était alors directeur de la musique du roi, y attacha Mlle Dorus, cette même année où elle avait obtenu le prix.

Mais la jeune cantatrice se trouvait ainsi emprisonnée : il lui fallait beaucoup plus d'espace ! Avec cette ardeur d'ambition et cette soif de succès qui travaillent tout artiste, elle eût volontiers convié l'univers entier à entendre les accents de sa voix, et chaque jour elle se trouvait en face d'un auditoire restreint, d'un auditoire de courtisans : pas de juges ! indulgents ou sévères, que lui importait ? Elle pouvait les redouter, mais elle les appelait ; et puis un vague instinct de sa vocation réelle la tourmentait et la poussait. Comme ces enfants de régiment qui viennent au monde, disent les chansons, au bruit de la guerre et au son du tambour, et qui grandissent vivent et meurent là où ils sont nés, sur l'affût d'un canon, à l'ombre d'un drapeau flottant, son berceau à elle avait été placé pour ainsi dire côte à côte avec un théâtre : elle était destinée à y monter un jour.

Mlle Dorus secoua donc ses chaînes et partit, allant de ville en ville donner des concerts. A la bonne heure! voilà des émotions! voilà des bravos qui remuent les entrailles! voilà la vie d'artiste! joie et crainte, espérance et désillusion, toutes choses qui sont de nature à tuer les gens vulgaires, mais qui sont l'élément des intelligences d'élite, parce que Dieu les a trempées d'une énergie particuculière, et qu'elles y trouvent l'aiguillon qui les emporte au but.

Partout les succès suivaient la jeune cantatrice; ils l'accompagnèrent jusqu'à Bruxelles. Là surtout elle obtint un éclatant triomphe dans un concert donné au Théâtre-Royal. Le lendemain, le comte de Lidelkerke, commissaire du roi, lui offrit un engagement à ce même théâtre. Le talent de Mlle Dorus n'était pas arrivé à sa maturité, encore moins à son apogée; mais il avait fécondé sous de bienfaisantes études, et puis c'était d'ailleurs de sa nature de grandir toujours. Il offrait alors bien des fleurs épanouies à cueillir!

L'offre du commissaire royal réalisait toutes les espérances de Mlle Dorus ; ses amis, pleins de confiance, la pressèrent d'accepter ; ses ennemis (car toute gloire en a) s'en réjouirent aussi sans doute... Ils pouvaient compter sur une circonstance assez grave pour compromettre son début. Mlle Dorus ignorait complètement les premiers principes de la déclamation ; mais avec une volonté comme la sienne, ce n'était pas là un obstacle. Pendant quelques mois, elle se confia aux leçons de M. Cassel, et elle aborda la scène avec une hardiesse qu'un grand et légitime succès couronna pleinement.

En 1830, le canon des révolutions couvrit la voix des chanteurs et dispersa la troupe du Théâtre-Royal. Mlle Dorus quitta alors Bruxelles et retourna à Valenciennes, où elle resta peu de temps : sa destinée l'appelait ailleurs. Elle vint s'abattre de nouveau sur ce vaste Paris d'où elle était partie enfant ; elle y avait laissé quelques bons souvenirs dans l'âme de ceux qui avaient entendu ses premiers essais et suivi avec intérêt ses succès et ses progrès à l'étranger. Elle revenait, cette fois, cantatrice consommée, mais comptant encore bien plus sur l'avenir que sur le présent.

L'Académie royale de Musique lui ouvrit ses portes à deux battants, le 9 novembre 1830. Mlle Dorus y débuta dans le *Comte Ory*. Rien de ce qu'on nous avait raconté de son talent n'était de trop. Comme c'est toujours un jour de fête que l'apparition d'une artiste de talent parmi nous, il y eut fête ce soir-là à l'Opéra; c'est-à-dire que les vrais amis de l'art saluèrent par d'immenses bravos la débutante, et devinèrent qu'elle serait bientôt le plus ferme soutien de notre scène lyrique. Qui pouvait mieux qu'elle, en effet, succéder à Mme Damoreau! C'était la même perfection de méthode, la même pureté, la même élégance. Elle lui succéda, en effet, tout naturellement; à la retraite de Mme Damoreau, elle prit ses rôles comme chef d'emploi, et les habitués de l'Opéra purent s'assurer que la *Muette*, *Guillaume Tell*, *Fer*-

nand *Cortès*, le *Rossignol*, ne perdaient pas trop à ce change ; les rôles de Thérésina dans le *Philtre*, du page dans *Gustave*, d'Alice dans *Robert-le-Diable*, d'Eudoxie dans la *Juive*, de Marguerite dans les *Huguenots*, de Ginevra dans *Guido*, de Theresa dans *Benvenuto*, de Ritta dans la *Xacarilla*, et enfin de Pauline dans les *Martyrs*, sont autant d'heureuses créations, autant de triomphes pour cette précieuse cantatrice. Chaque nouveau rôle aussi mettait au jour de nouvelles qualités, et révélait le soin et la consciencieuse persévérance avec lesquels cette artiste poursuivait ses études.

Mlle Dorus est devenue Mme Dorus-Gras, par le mariage qu'elle a contracté, le 9 avril 1833, avec un premier violon distingué de l'Opéra.

C'est ici le lieu de signaler combien, à côté de la grande cantatrice, la femme excellente, généreuse, dévouée, brille d'un noble éclat. A-t-on besoin de son concours ? Elle est toujours prête. Les artistes en peine ne font jamais un vain appel à sa bienveillance. Soit qu'il s'agisse d'un concert où elle doive se montrer même en seconde ligne, soit qu'il s'agisse d'une bonne œuvre à accomplir: vous la trouverez toujours. Amis, rivaux, ennemis, le chemin de son cœur est ouvert à tous! Qui ne se souvient encore que, lors de la représentation de *Benvenuto Cellini*, après que Duprez eut brutalement rendu son rôle à Berlioz, Mme Dorus-Gras, pour ne point interrompre l'œuvre, retarda volontairement son congé? Après la révolution de 1830, Mme Dorus, qui avait quitté Bruxelles pour Valenciennes, à la première nouvelle qu'un concert allait être donné au profit des victimes de septembre, se rend immédiatement à Bruxelles, et vient porter l'aumône de sa voix dans cette grande aumône publique. Eh! bon Dieu, quoi de plus touchant que sa pieuse conduite envers Hérold! Une indisposition subite de Mme Casimir arrêtait les représentations du *Pré-aux-Clercs*, de ce grand et sublime chant du cygne. Hérold se mourait; il ne vivait que de la vie de son ouvrage, comme dit un critique, et ce dernier souffle allait lui manquer! Que faire? C'était pitié de voir la douleur du pauvre musicien qui ne demandait qu'à s'endormir au son de sa musique! Ses larmes trouvèrent un noble écho. Mme Dorus était là! En quarante-huit heures elle apprit le rôle d'Isabelle, et le public, non moins reconnaissant que le poète de cette bonne action, applaudit ensemble et sa voix et son cœur! Il y eut pour elle double triomphe ce soir-là. Hérold pouvait mourir content! Dans une lettre pleine de touchantes expressions et de larmes de reconnaissance, Mme Hérold témoigna sa gratitude à Mme Dorus-Gras, qui avait rendu la vie à son mari pour quelques heures, et adouci ses derniers moments. On raconte qu'en fermant les yeux, le souvenir de cette belle action fut une des dernières pensées d'Hérold; dans de vagues paroles qu'il balbutiait à de longs intervalles, il bénissait la jeune cantatrice, tressait pour elle mille couronnes, et parlait de son âme, qui du haut du ciel veillerait sur ses jours!

Voilà certainement de ces actions qui glorifient une femme et qui ne peuvent pas rester sans porter leurs fruits. Nous citerions ici mille traits de ce genre.

En avons-nous dit assez de l'artiste ? N'oublions pas de parler de son zèle infatigable, qui fit que, pendant dix années, pas une seule représentation n'a manqué à l'Opéra par sa faute. Signalons son ardeur et ses soins constants à donner toujours au public des preuves nouvelles de sa persévérance dans l'étude, même encore aujourd'hui que sa renommée est montée si haut, que son talent a acquis tant de force. Nous ne pouvons mieux faire d'ailleurs, pour nous résumer, que d'emprunter quelques lignes à une biographie de Mme Dorus-Gras; l'opinion de notre confrère se conformant parfaitement à la nôtre : « La création qui fit le plus d'honneur « à Mme Dorus-Gras, y est-il dit, est sans con- « tredit le rôle d'Alice dans *Robert*; elle l'a « établi avec une supériorité dont les tradi- « tions sont devenues classiques ; elle n'a pas

« apporté moins de perfection dans le rôle
« d'Isabelle du même ouvrage. Elle est la
« seule cantatrice de l'Opéra qui puisse abor-
« der alternativement, sans être jamais au
« dessous de sa brillante réputation, des rôles
« d'expression et d'énergie, et des rôles lé-
« gers et de pure vocalisation. Sa voix est
« d'une belle étendue ; elle peut parcourir
« sans difficulté deux bonnes octaves de
« l'*ut* bas jusqu'au *ré* bémol suraigu. Faible
« et légèrement voilée dans la première oc-
« tave, elle devient pure et vibrante à la se-
« conde ; elle brille surtout dans les fioritures
« et les ornements de la vocalisation. »

Ici, nous devrons peut-être trouver place pour quelques critiques bien futiles sans doute, à propos de l'abus un peu trop fréquent que fait Mme Dorus-Gras de ces ornements, fioritures et fantaisies. Eh ! mon Dieu, à quoi bon ce que nous disons là ? lorsque demain nous serons des premiers à applaudir la perfection et le goût qu'elle y met. Mme Dorus pourrait nous répondre ce que disait Racine, à qui l'on reprochait la longueur du récit de la mort d'Hyppolite.

— C'est vrai, objecta naïvement le grand poète, le récit est long; il est peu naturel qu'un père puisse l'écouter jusqu'au bout; mais que voulez-vous? ce sont de mes plus beaux vers.

Revenons au jugement des premiers biographes de Mme Dorus :

« Les traits les plus bizarres, les caprices
« les plus variés, les aspérités les plus har-
« dies de la roulade n'offrent aucun obstacle
« à la merveilleuse facilité de son gosier.
« Rien de plus délicat que ses points d'orgue.
« Aussi exacte que Mme Damoreau, Mme Do-
» rus se fait remarquer encore par l'éclat et
« la vigueur de son chant. Sa voix, d'une in-
« tonation parfaite, attaque la note avec une
« sûreté et une fermeté surprenantes; elle
« est assez puissante pour lutter sans désa-
« vantage avec le bruit immodéré de l'or-
« chestre... Mme Dorus est une des meilleures
« musiciennes qu'il y ait au théâtre. »

Enfin, comme les auteurs de ces lignes, écrions-nous qu'elle est la Grisi de la rue Lepelletier !

Les principales villes de nos départements ont toutes accueilli Mme Gras-Dorus avec un enthousiasme extrême, soit sur leurs théâtres, soit dans les concerts qu'elle a donnés en passant. Toulouse, Strasbourg, Metz, Nancy, Lille, entre autres, ont été assez heureuses pour lui ouvrir leurs portes et la saluer de leurs bravos.—L'année dernière, ses succès à Londres ont été immenses; et c'est à son retour de cette *belle campagne*, où elle n'avait rencontré sur ses pas que triomphes et gloire, que d'impertinentes interruptions ont essayé de chuter sa rentrée à l'Académie royale. Nous en avons dit un mot plus haut, et dénoncé les auteurs de cette malencontreuse attaque. On doit présumer, en connaissant l'origine de ce quasi-échec (devrais-je mettre ce mot?), qu'il était de trop peu d'importance pour porter la moindre atteinte à une réputation si laborieusement acquise, si bien consolidée; pourtant, il faut dire que les artistes, en général, ont le cœur sensible, et que ces épines (surtout la première qu'on rencontre sur son chemin), si petites qu'elles soient, font de larges blessures.

Mme Gras-Dorus en ressentit un coup terrible, et le bruit courut un moment qu'elle allait quitter la scène. Il n'en fut rien, heureusement. Je ne sais quelle influence (peut-être ministérielle) imposa silence à la loge des *lions;* mais certainement ce ne fut pas l'autorité administrative, qui se fait trop souvent complice inerte de ces stupides cabales. Mais Mme Dorus, malgré tous ses titres, à cause de ses titres peut-être, est en butte à toutes sortes de taquineries de coulisses, dans lesquelles Dieu nous garde de nous initier plus avant, et qui soulèvent en elle un profond dégoût et de sérieux ennuis.

Nous nous sommes même laissé dire que Mme Dorus, lassée enfin de toutes ces mesquines hostilités, songerait réellement cette fois à s'enfuir et à se rendre aux brillantes offres qui lui sont faites à Londres.

O Mme Dorus ! fermez l'oreille aux perfides conseils de ceux qui vous pousseraient à accepter, fermez le cœur aux malveillantes rivalités, aux misérables haines : si *la vertu triomphe tôt ou tard*, comme dit le proverbe, soyez assurée que le talent triomphe aussi tôt ou tard, et que vos ennemis rentreront dans l'obscurité, à mesure que votre front se couronnera de lumières et d'éclat.

Espérons donc que Mme Gras-Dorus n'a point fait encore de serment, et qu'elle reviendra sur sa résolution, si tant est qu'elle en ait pris une. — C'est peut-être à la nouvelle direction de l'Académie royale qu'il appartient de résoudre ce problème.

Nous demandons bien pardon à nos lecteurs de les avoir introduits dans ces hideux couloirs de coulisses, de les avoir initiés à de dégoûtants mystères qu'ils ignoraient, bien heureusement sans doute ; nous en avons été tout aussi révoltés qu'eux-mêmes; mais plus nous voulions faire ressortir l'artiste dont nous nous occupons, plus nous avons dû amasser autour d'elle les ombres, et quelles ombres!

Au moment de terminer notre biographie, et d'annoncer que Mme Gras-Dorus venait d'entreprendre un second voyage à Londres, nous lisons ceci dans un journal : « Il semble
« depuis quelque temps que la mort se plaise
« à frapper nos artistes quand ils sont en
« route; témoin ce pauvre Lafont, précipité
« de l'impériale d'une diligence. On sait que
« Mme Dorus-Gras et son mari sont partis
« pour Londres; mais ce qu'on ignore, c'est
« que cette grande artiste a eu à subir une
« affreuse traversée sur le bateau à vapeur de
« Boulogne à Londres. En cette circonstance,
« tous les éléments s'étaient ligués. Le feu a
« pris dans le magasin de houille. On juge de
« l'effroi universel que répandit à bord ce si-
« nistre dont, par bonheur, ou plutôt par mi-
« racle, on put prévenir à temps les funestes

« résultats. Ainsi échappée à l'eau et au feu,
« Mme Gras-Dorus est arrivée à Londres avec
« un titre de plus à l'attention du Queen's
« Theatre. »

Si nous attendions encore quelques jours avant d'envoyer notre biographie à l'impression, nous aurions à emprunter dans quelque nouveau journal le récit de ses succès et de ses triomphes; mais ils sont tellement assurés, que nous prenons sur nous de les constater dès aujourd'hui.

FIN.

ÉCRIVAINS ET ARTISTES VIVANTS,

FRANÇAIS ET ÉTRANGERS.

BIOGRAPHIES AVEC PORTRAITS.

PAR

X. EYMA ET A. DE LUCY.

> Quique sui memores alios fecere merendo,
> Omnibus his niveâ cinguntur tempora vittâ.
> VIRGILE.

Ecrivains. — **De Balzac.**

8ᵉ *Livraison.*

PARIS,
A LA LIBRAIRIE UNIVERSELLE,
15, place de la Bourse.
ET CHEZ TOUS LES LIBRAIRES.

1840.

IMPRIMERIE DE AD. BLONDEAU,
rue Rameau, 7.

DE BALZAC.

ÉCRIVAINS ET ARTISTES VIVANTS,

FRANÇAIS ET ÉTRANGERS.

—

ÉCRIVAINS.

—

DE BALZAC.

> Il faut placer au nombre des causes qui agissent sur l'imagination l'état présent du corps. Thomas Reid.

> Le style des êtres souffrants ou foudroyés ne ressemble pas au style de ceux dont la vie s'est écoulée sans catastrophes. DE BALZAC.

De toutes les tâches hebdomadaires que nous nous sommes imposées, celle-ci n'est pas la moins rude, ami lecteur. C'est une terrible besogne que celle d'étudier M. de Balzac, seulement sous toutes ses faces connues; mais combien plus formidable apparaîtra ce labeur, quand vous saurez que nous avons essayé d'enfoncer plus profondément le scalpel de notre analyse; car, n'en doutez pas, nous ne connaissons pas M. de Balzac tout entier; il a d'autres faces encore, mystérieusement recouvertes d'un voile impénétrable à l'œil du vulgaire, et un simple mortel revient pâle et effaré de ses investigations, quand il a eu, comme nous, la témérité de chercher à sonder les arcanes de cette effrayante intelligence.

Nous avons commencé par relire en masse plus de quarante volumes de ses œuvres, que nous avions jadis lus un à un dans l'ordre de leur publication.

Cet examen terminé, nous avons cherché à résumer M. de Balzac dans notre esprit, et nous n'avons jamais pu y parvenir : il nous échappait toujours sous un point de vue ou sous un autre ; alors nous avons pris le parti de le scinder et de l'envisager sous deux aspects différents, l'homme et l'écrivain.

En lui, l'écrivain s'explique difficilement par l'homme.

L'homme est inexplicable.

Quand on a décomposé M. de Balzac par l'analyse, on ne peut plus le rétablir par la synthèse.

Il y a en lui deux êtres, dont on comprend l'existence distincte et séparée, mais dont la fusion semble inintelligible.

Honoré de Balzac est né en 1798 ou 99; à Tours, il descend d'une vieille famille d'Auvergne d'où sont sortis les d'Entragues; un ancien document, enregistré au parlement de Paris, parle d'une concession de terre faite au cinquième siècle par les Balzac, pour établir un monastère aux environs de la petite ville de Balzac. Honoré fut élevé au collége de Beaumont-sur-Oise, et y fit sa rhétorique sous le père Martigodet.

Le père de M. de Balzac est mort en 1828 loin des affaires et dans une position inférieure, et le jeune gentilhomme, qui avait joué dans son enfance avec des portefeuilles de ministres, et qui voyait la vie s'ouvrir pour lui sous de riants auspices, se trouva bientôt obligé de rayer la particule de son nom ; il s'appela Balzac tout court.

Pourquoi donc? direz-vous :

Parce que, vous répliquera M. de Balzac, à Trieste, un pair de France s'appelait M. Labrosse en se faisant commerçant ; parce que M. le baron Trouvé mettait tout uniment sur son enseigne : *imprimerie de Trouvé*; parce que, enfin, l'on doit avoir l'esprit de son état quand on en prend un ; or M. de Balzac était typographe, lui aussi, et typographe en son nom. Le malheur le poursuivit dans ses opérations ; il y perdit des sommes considérables, et ce fut par suite de ces désastres qu'il se lança dans la littérature.

« J'avais entrepris une lutte insensée, dit-
« il ; je combattais la misère avec ma plume !
« Je voulais payer une dette immense pour
« moi, et vivre honorablement. Je voulais ar-
« river à ce grand résultat avec une plume
« d'oie, une bouteille d'encre et quelques

« mains de papier, dans une ville où le lit-
« térateur n'a point de crédit, et où il faut
« non seulement du talent, mais du bonheur,
« et encore travailler nuit et jour pour ga-
« gner six mille francs par an. Moi qui de-
« vais huit mille francs d'intérêts annuels,
« pour capitaux dus, n'était-ce pas folie? J'en-
« trepris cette lutte, au moment où, pour
« moins, un de mes amis, dont le suicide fut
« célèbre, se brûlait la cervelle. »

Le soldat qui se jette en furieux parmi les bataillons ennemis dans l'espoir d'y rencontrer le trépas n'y trouve souvent que la victoire, ainsi, M. de Balzac qui se précipita tête baissée dans le champ clos littéraire, sortit triomphant de cette lutte, quoique passablement contusionné. Mais avant d'arriver à la renommée qu'il s'est faite, que de volumes il a semés sur le chemin de sa vie! Avec quelle vaillance il s'est comporté! Il se multipliait; les livres se croisaient et se heurtaient chez le libraire, sans qu'on eût le temps de voir quelle était la main robuste qui les lançait. Chaque œuvre portait un nom d'auteur différent. Ici M. de Balzac s'appelait lord *Rhoone*; là, le marquis de *Vieillerglé*; plus loin, *Horace de Saint-Aubin*... etc. ; il s'était fractionné pour être partout à la fois, et cela dura jusqu'au jour où, à force de courage et de labeurs, il crut avoir reconquis le droit de se résumer tout entier sous son vrai nom, ce jour-là, il arbora sa bannière et s'appela *Honoré de Balzac*. Voici les titres de quelques uns de ses premiers ouvrages : *le Vicaire des Ardennes* (1822), chez Pollet, librairie théâtrale et *romantique* (librairie romantique!); le *Centenaire*, *Clotilde de Lusignan* ou le *Beau Juif*, *Annette* ou le *Criminel*, *Van-Clore* ou la *Prédestination*, etc. La plupart de ces ouvrages ont été réimprimés depuis sous de nouveaux titres. Quelques citations tirées de ces premières œuvres nous mettront à même de voir sous l'empire de quelles impressions M. de Balzac écrivait alors. « Je supplie ceux qui auront la bonté de « me lire, de faire aller cet ouvrage vers la

« route flatteuse d'une seconde édition : c'est
« le seul moyen d'empêcher la ruine totale
« d'un pauvre bachelier *qui commence ses pre-*
« *mières opérations de littérature marchande;* »
(préface du *Vicaire*). La police fut insensible
à cette touchante allocution ; la police était
plus morale que jamais, à cette époque. Elle
fit une descente chez le libraire, et anéantit
l'ouvrage jusqu'au dernier exemplaire.

Dans la préface d'*Annette*, M. de Balzac annonce que ses œuvres sont demi romantiques; car, dit-il, un honnête homme se tient toujours à distance des modes nouvelles. — Cette préface se termine ainsi : « Cela étant,
« j'ai l'honneur d'être Monsieur, Madame ou
« Mademoiselle, votre très humble serviteur,
« présentant mon salut au monsieur, mon
« hommage à la dame et quelques gracieuse-
« tés à la demoiselle, pourvu qu'elle ait trente
« au moins.., quarante ans passés encore...;
« mais davantage !... oh! cette gracieuseté
« se tournerait en un profond respect. »

Voilà la femme de trente ans qui apparaît

à l'horizon. Patience encore ! vous voyez que l'auteur n'a jamais voulu faire que du commerce ; il est très explicite à cet égard ; chaque fois qu'il parle de libraires, il les appelle *fermiers de littérature*. —*L'exploitant, l'exploité, l'exploitation d'un ouvrage* sont ses expressions les plus familières ; et comme il faut pour qu'un commerce soit profitable, qu'il ne soit pas trop exclusif, mais qu'il satisfasse tous les goûts, M. de Balzac se déclare *demi romantique*.

Cependant, à force d'écrire et d'observer, les idées lui arrivaient plus nettes, plus abondantes, plus larges. L'art se fit jour vigoureusement, et demanda à être introduit dans ces pacotilles de contrebande : c'était un accessoire qui ne pouvait pas leur nuire. Le cerveau de M. de Balzac était plein de remarques et d'observations tant morales que philosophiques. Le courant actif de sa pensée, à force de passer sur le monde et de promener son flot dissolvant à travers toutes les passions de l'humanité, avait produit

dans un coin de son esprit une magnifique alluvion. M. de Balzac coordonna quelques uns de ces matériaux, et, un beau jour, publia, sous le voile de l'anonyme, un superbe livre intitulé : la *Physiologie du Mariage*. Nous n'avons pas l'intention de nous en faire les apologistes exclusifs, bien au contraire; mais nous laisserons la critique à qui de droit; la *Physiologie du Mariage* est une œuvre fort originale, profonde, et quelque peu parente avec celles de Montaigne et de Labruyère. Brutalement attaqué à cause de ce livre, qui eut beaucoup de retentissement, l'auteur demanda de ne point mettre en question sa moralité, son profond respect pour la femme, et de ne pas faire d'un esprit chaste le prototype du cynisme. « La *Physio-*
« *logie du Mariage*, dit-il, était une tentative
« faite pour retourner à la littérature fine,
« railleuse et gaie du dix-huitième siècle, où
« les auteurs ne se tenaient pas toujours
« droits et raides. »

Voici venir maintenant une période grandiose; à partir de ce jour, une ère nouvelle commença pour M. de Balzac; le cercle de de ses conceptions s'était grandement élargi. Il entreprit une œuvre colossale; peindre la société tout entière, la société de son époque, avec ses villes et ses campagnes, ses rues et ses paysages; peindre son siècle enfin, au physique et au moral, en arrêter les contours et les décrire traits pour traits, de face, de trois quarts et de profil dans une œuvre immense qui pût servir de document authentique aux âges futurs. Tout d'abord, M. de Balzac s'adonna à l'étude de la femme; il fut admirablement servi par la nature fine et mordante de son esprit; il mit tant de perspicacité dans ses recherches, tant de tact dans ses aperçus, tant de coquetterie dans ses détails, il se fit si petit et si profond pour entrer dans des nuances à peine remarquables, il pénétra tant de mystères sombres et terribles, souleva tant de voiles artificieux, révéla tant de secrets si jolis, si frivoles, si fluides, si pleins d'une exquise délicatesse, que tout le monde s'extasia, et que les femmes elles-mêmes crièrent au miracle. Les unes le détestèrent à cause de sa hardiesse profane, les autres l'adorèrent pour sa malice, toutes dévorèrent ses ouvrages avec une sorte d'épouvante ; elles avaient été surprises et devinées !

On rapporte qu'une de ses admiratrices les plus passionnées s'écria un jour dans un accès d'enthousiasme « : Depuis que j'ai lu M. de Balzac, je crois à la métempsycose, il est impossible que cet homme-là n'ait pas commencé par être femme. »

Il n'y a pas d'éloge possible après celui-là. C'est à notre écrivain qu'appartient l'honneur d'avoir fait ce qu'on appelle la *découverte* de la femme de trente ans ; ce que j'appellerai, moi, une belle et bonne réhabilitation et bien méritée encore, en dépit des rieurs qui, j'en suis bien sûr, pensent tout bas comme moi.

Cette grande fécondité primitive avait peuplé l'imagination de M. de Balzac, en même temps qu'elle avait aiguisé et formé son style. Aussi que de rêves charmants il a réalisés depuis, et auxquels il a, pour ainsi dire, donné un corps ; combien de types délicieux lui doivent leur incarnation, et quel ravissant gynécée que le sien aujourd'hui ! Après la *Physiologie du Mariage* vint la *Peau de Chagrin*.

L'étrangeté de ce livre obtint un grand succès, et fonda définitivement la réputation de l'auteur. Pour nous, cet ouvrage est un chaos ; la donnée morale ne nous semble pas suffisamment expliquée ; il y a dans tout cela quelque chose d'embrouillé et d'extravagant qui nous satisfait médiocrement. Passons : M. de Balzac donna ensuite une longue série de son long ouvrage intitulé *Scènes de la vie privée ;* pour le coup, cher lecteur, ce sont autant de joyaux que tous ces petits contes. Mais je vais vous prévenir d'une chose, c'est que ce titre *Scènes de la vie privée*, est un titre qui embrasse tous les ouvrages de M. de Balzac, même ceux qui sont intitulés : *Scènes de la vie de campagne*, ou *Scènes de la vie de province*, ou *Scènes de la vie parisienne*, voire même encore tous les romans de mœurs que l'auteur a diversement qualifiés dans le cours de leurs publications particulières. Ces différents ouvrages ne sont que des subdvisions, et souvent même des fractions de fractions, de cette œuvre gigantesque qui doit comprendre la société tout entière. Vous avez lu *Eugénie Grandet*, n'est-ce pas? ce petit chef-d'œuvre si plein de mérite, de détails charmants, et de fines observations. Vous connaissez *le Médecin de Campagne?* et *le Père Goriot?* et *le Lys dans la Vallée? Le Lys dans la Vallée!* Ce livre abondant de tendresse et de pensées; un des enfants chéris de l'auteur lui-même, une des pierres qui domineront dans la frise d'un édifice littéraire, lentement et laborieusement construit. Comme le caractère de madame de Morsauf est vrai et bien tracé! quelle pureté, quelle douceur, quelle angélique résignation! — Nous n'aimons pas Arabella, malgré la nécessité du contraste. La sensuelle anglaise est mise un peu trop crûment en opposition avec la chaste Henriette.

A propos de contrastes, en voulez-vous un? Parlons des *Contes Drolatiques*. M. de Balzac, les avez-vous fait lire au père Martigodet?

M. de Balzac professe une grande tendresse pour cette idée de rénovation littéraire : ces contes sont fort amusants sans doute (pour ceux qui comprennent ce style); mais nous ne voyons pas de quelle utilité ils peuvent être à l'art; à quoi sert d'écrire aujourd'hui en vieux français? Est-ce comme étude, comme amusement? Alors un ou deux volumes suffisaient, pourquoi en promettre dix? Et qui nous dit que cette vieille langue a été respectée, que l'auteur ne s'est pas permis (il se le permet bien en parlant notre langue actuelle) de forger selon ses besoins des mots burlesques et barbarement originaux? Ces contes drolatiques, comme l'annonce le titre, sont tout bonnement de très gaillardes facéties que l'auteur a dénichées je ne sais où ; et comme il n'aurait pas osé les habiller du style moderne, il a enveloppé leur nudité dans le manteau de Rabelais, et affriandé de cette manière un public qui se fût trouvé choqué s'il eût agi autrement. Mais la popularité a failli à cette œuvre, parce que M. de Balzac a oublié d'y adjoindre un dictionnaire, et que tout le monde n'a pas étudié les vieilles chroniques. Il en a été à peu près de même pour le *Livre Mystique*, où l'auteur a entassé néologismes sur néologismes, et où il a fait un incroyable abus d'expressions subtiles, nuageuses, éthérées, volatiles. En lisant ce livre, on éprouve un inconcevable malaise, et ce malaise n'est pas autre chose qu'un besoin violent qui se fait sentir, de posséder une bonne paire d'ailes, afin de pouvoir suivre l'auteur dans l'infini où il va se perdre. Nous respectons, nous aimons le mysticisme, mais à condition qu'il n'échappe pas tout à fait à notre intuition. Pour Dieu! nous avons assez d'une Apocalypse.

Il a fait, en outre, *César Birotteau*, ou l'*Histoire de la grandeur et de la décadence d'un parfumeur, membre de la Légion-d'Hon-*

neur, etc. Ce livre, écrit en 15 jours, n'est pas en très bonne odeur parmi les critiques. *Un Grand Homme de province à Paris*, ouvrage qui lui a valu bien des inimitiés et de sanglantes récriminations. Pour nous, nous rendrons justice au courage qu'il a eu de dévoiler bon nombre de turpitudes littéraires, malheureusement trop vraies, quoique un peu exagérées. Et puis *le Cabinet des Antiques*; et puis récemment *le Livre des Douleurs*, etc. Nous en oublions une multitude, car sachez que le bagage littéraire de notre écrivain se compose aujourd'hui d'une cinquantaine de volumes; dans l'espace de sept ans, il en a enfanté trente-sept! Jugez par là de cette nature robuste.

Voici en quoi réside le secret de cette énorme fécondité. M. de Balzac travaille seize heures par jour; il ne perd jamais une minute. Va-t-il chez son éditeur pour corriger une épreuve, en attendant qu'on la lui apporte, il se met à griffonner: un coin de table, son genou même, tout lui sert de pupitre. Rentre-t-il chez lui fatigué, ennuyé, maussade, pris d'un de ces découragements subits auxquels les artistes sont souvent en proie, et qui les rendent momentanément incapables de rien faire?... M. de Balzac entre en rébellion contre lui-même, il lutte avec son esprit, il le subjugue, et, malgré sa mauvaise disposition, il saisit une plume et se met à écrire. Il écrit quarante pages de suite, il couche sur le papier tout ce qui lui passe par la tête; le lendemain, il revise cette maladive élucubration, et de ces quarante pages, il en extrait quatre bonnes et saines; le reste est jeté au feu. M. de Balzac revient souvent sur son style; il couvre ses œuvres de ratures et d'additions interlinéaires, ce qui donne une peine infinie aux ouvriers imprimeurs chargés de le déchiffrer. Il dit lui-même qu'il a dans la typographie une horrible célébrité. Il lui est arrivé d'entendre crier dans l'atelier de M. Everat: « J'ai fait mon heure de Balzac, à qui à prendre sa copie? »

M. de Balzac a des ressources innombrables : doué d'une imagination vive et brillante, il possède en outre une instruction presque universelle. Il sait tout, cet homme: médecine, physique, mathématiques, géologie, jurisprudence, droit administratif, droit canonique; il a tout étudié. Il connaît tous les secrets des plus petites exploitations; c'est un négociant distingué, et qui fait le commerce en grand, comme vous voyez; il a des relations avec toutes les branches possibles d'industrie : son magasin est des plus variés. Il n'est même pas jusqu'aux sciences occultes pour lesquelles M. de Balzac ne se soit senti quelque affinité. Il cherche la pierre philosophale littéraire, la trouvera-t-il? Je ne sais pas; mais, en attendant, il a gagné et gagne encore beaucoup d'argent. Or, comme le public aime à se mêler un peu de tout ce qui ne le regarde pas, il a voulu savoir l'emploi que M. de Balzac faisait de cet argent, et, à ce sujet, il a inventé lui-même toutes sortes de contes pillés plus ou moins dans les *Mille et une Nuits.* Ceci nous conduit naturellement à parler de l'homme. Et d'abord, cher lecteur, dites-moi, quelle idée vous faites-vous de M. de Balzac? — C'est que tout le monde n'est pas d'accord là-dessus, voyez-vous. Selon les opinions, il est bossu à Orléans, blond à Bordeaux, fluet à Brest, gros et gras à Cambrai. Pour les uns, c'est un gentilhomme littéraire; pour d'autres, il est vieux, à moitié roué, cynique! Cela dépend des impressions que chacun a éprouvées à la lecture de tel ou tel de ses ouvrages.

Vous avez vu la bouffonne statuette de Dantan, qui donne à notre héros la royale prestance de Louis XVIII, et ce jonc hyperbolique dont l'ampleur masque entièrement l'embonpoint de son maître! Cette canne a joué un grand rôle dans la littérature; elle a fait la joie du public, elle a été la cause et le sujet de plaisanteries interminables. Cette canne a fait dire d'elle : « J'ai rencon- « tré la canne de M. de Balzac qui se prome- « nait, son propriétaire à la main. » Cette canne a eu des jours de réception ; M. le comte V*** a eu l'honneur d'être admis à lui présenter la sienne, magnifique jonc surmonté d'un diamant de six mille francs. Cette canne a fait commettre à madame de Girardin un roman fantastique, intitulé la *Canne de M. de Balzac*. Cette canne est susceptible de mener M. de Balzac à la postérité. Après la canne, on a cherché autre chose.

Quelques loustics assurent que M. de Balzac a été vu sur les boulevards attelé à un infiniment petit chien, qu'il conduisait par un cordon long de huit pieds; l'espiègle animal s'embarrassait à chaque instant dans les jambes des promeneurs et les enfermait souvent dans un triple et quadruple cercle dont ils avaient beaucoup de peine à se tirer. La pauvre bête fut, dit-on, rencontrée un jour par *Fretchütz*, ce terrible chien de M. Alphonse Karr, qui la prit pour un gros rat, et s'élança sur elle; ce fut là sa dernière promenade.

Quelques personnes prétendent qu'on rencontre M. de Balzac partout. Je fus accosté un jour aux Tuileries par deux de mes amis, qui arrivaient de côtés opposés. « Je viens de voir M. de Balzac, me dit l'un. — Parbleu! je viens de le voir aussi, reprit l'autre. — Où cela? demandai-je au premier. — Sur les boulevards, où il doit être encore. — A quel endroit? dis-je au second. — Rue de Seine, où nous nous sommes croisés. »

C'est de plus en plus fort. Voilà M. de Balzac atteint et convaincu de jouir de cette faculté dont était doué Pythagore, celle de pouvoir paraître en plusieurs endroits à la fois. Et c'est le second point de ressemblance qu'il a avec ce père de la Métempsycose.

Se pourrait-il qu'il eût, à l'instar de ce philosophe une cuisse d'or? Cela ne m'étonnerait pas, mais il faut s'en référer aux personnes bien informées; pour nous, c'est encore un mystère. J'en connais d'autres qui nient l'existence de M. de Balzac; pour elles, c'est une abstraction, un symbole, un mythe; elles ont cherché à le voir et n'ont jamais pu le rencontrer dans aucune promenade publique.

Elles ont été chez lui, et quand elles ont demandé au concierge : « Est-ce ici que demeure Monsieur de Balzac? » Le concierge a répondu, sans lever les yeux et avec le flegme naturel à cette classe de la société : « Je ne connais pas ce Monsieur ! »

Elles ont lu ses ouvrages et n'ont jamais voulu se persuader que c'était le même homme qui avait pu écrire tant de livres et sur tant de sujets différents.

Ces personnes-là sont devenues athées à l'endroit de M. de Balzac.

Quant au public, dans sa tendresse pour notre écrivain, il s'est occupé de lui et de tout ce qui l'approchait avec une sollicitude vraiment touchante. Il a donné à son boudoir une fastueuse célébrité :

Ce ne sont que festons, ce ne sont qu'astragales.

On n'y voyait partout que porcelaines du Japon, vieux sèvres, vases d'or et d'argent ciselés, damasquinages de toutes sortes, que sais-je moi? Ce même public lui a attribué de splendides, de féeriques bonnes fortunes, et a même été jusqu'à l'envoyer à Nice, mourant de consomption par suite de ses fréquents bonheurs. Maintenant, si vous me demandez ce qu'il faut penser de tout cela, voici ce que je vous dirai.

La première fois que nous vîmes M. de Balzac, c'était à un bal de la liste civile. Ce pauvre Louis de Maynard, que nous avons perdu si malheureusement et avec qui nous nous trouvions, nous le montra, et aussitôt nous le dévorâmes du regard. C'est un homme assez petit, passablement gros, mais non pas d'une obésité tout à fait aussi disproportionnée que celle qu'on lui prête, avec une générosité dont M. de Balzac ne se montre pas du tout reconnaissant. Son visage plein, frais, coloré, rappelle ces bonnes physionomies monacales, qui font plaisir à voir. Notre artiste lui-même s'amuse à compléter cette ressemblance en s'affublant chez lui du costume de capucin, qu'il porte en guise de robe de chambre. Le soir de ce bal dont je vous parle, il était assis sur un divan entre deux jeunes et charmantes femmes qui s'occupaient de lui avec une sorte d'empressement jaloux ; il me rappela ces galants abbés de cour du dernier siècle ; il se penchait familièrement, tantôt vers l'une, tantôt vers l'autre, et leur parlait à l'oreille, tandis que son œil vif, pétillant, spirituel, parcourait la salle, s'arrêtait dans les groupes, et souvent par un éclair obliquement dirigé, désignait la personne dont sans doute il disséquait la toilette, ou faisait remarquer les ridicules. Ces deux dames riaient de tout leur cœur, en se masquant de leurs éventails ; on voyait qu'elles assistaient à une immolation qui les réjouissait ; l'holocauste leur était agréable, l'holocauste d'une femme, d'une rivale peut-être ! M. de Balzac a une grande puissance de regard ; son œil, quand il observe, est profond, absorbant, plein d'un fluide magnétique dont on raconte des effets surprenants. Voilà pour sa personne. Quant à son mobilier, qui passe pour être d'un luxe princier, nos renseignements à cet égard nous ont appris tout le contraire : en ce qui concerne sa table, ses amis ne sont pas là-dessus de la même opinion que le public, qui se la figure magnifiquement servie. M. de Balzac est fort sobre ; troisième point de ressemblance avec le grand Pythagore, qui ne mangeait que des fèves. Ses appartements sont d'une très grande simplicité, et se composent en général d'une seule petite chambre, où il vit très retiré ; on dit qu'il a plusieurs cellules dans différents quartiers de Paris, et qu'il émigre de l'une à l'autre au fur et à mesure qu'il a été découvert par ses amis et par les curieux qui l'importunent de leurs visites. A présent, cher lecteur, je vous vois venir, vous allez gloser comme le public, et me dire : Mais que fait donc M. de Balzac de tout l'argent qu'il gagne? M. de Balzac paie ses dettes ; à force de courage et de persévérance, il sort vainqueur de cette lutte qu'il appelait *insensée*; fort de sa conscience, et se reposant dans la robuste complexion de son talent; il a constamment travaillé avec calme et sérénité au milieu de circonstances qui eussent brisé tout autre que lui. Les amertumes et les tracasseries ne lui ont pas manqué. Tout le monde se rappelle le honteux procès qui lui fut intenté par la *Revue de Paris*, en 1836, à propos *du Lys dans la Vallée*: pendant que menacé par de sourdes inimitiés qui flétrissaient son caractère, M. de Balzac voyait l'orage se grossir et s'enfler des mille petites susceptibilités qu'il avait pu blesser dans le courant de sa vie; pendant que ses amis tremblaient et s'agitaient pour lui; lui, le cœur douloureusement affecté, l'esprit tourmenté, l'âme chagrine, il trouvait encore le moyen d'être calme et d'écrire la lettre de madame de Morsauf à Félix, délicieuses pages où le tendre génie de la femme et de la mère se révèle dans toute sa plénitude. L'issue du procès ne fut pas douteuse, M. de Balzac le gagna. Mais tant de tiraillements, la difficulté de louvoyer sans encombre, au milieu des écueils d'une vie accidentée, hérissée d'épreuves, harcelée par mille nécessités tyranniques, tout cela a jeté dans l'esprit du vaillant écrivain je ne sais quel trouble dont il subit malgré lui la domination. Ainsi on raconte que M. de Balzac est persuadé qu'il a donné à M. Jules Sandeau un cheval blanc, lequel cheval blanc n'a jamais existé que dans son imagination. M. de Balzac a fait bâtir une petite maison de campagne à la J.-J. Rousseau, dans la commune de Ville-d'Avray; il a voulu être lui-même son architecte, et, dans ses préoccupations de poète, il a, dit-on, négligé mille petits détails intérieurs, dont il n'a senti l'absence que par les impérieux avertissements de leur utilité. Il a un jardin pour lequel il montre une grande tendresse. On prétend qu'il s'y livre à la culture des amours diaphanes et des voluptés mystiques, et qu'on y voit croître par touffes les mélancolies inclinées et les illusions décevantes; toujours est-il qu'un beau jour, il voulut y mettre aussi des ananas : aux yeux du propriétaire enchanté, ce sol était de la même nature que le sol américain (la terre glaise de Ville-d'Avray !) l'ananas devait y pousser comme de la mauvaise herbe, et un calcul très rigoureux établissait qu'il était fort aisé de se faire *vingt mille francs* de revenu à l'aide d'une bonne plantation.

C'était un beau rêve, mais il fallut l'abandonner. Un autre jour, après avoir lu Virgile, M. de Balzac tourna au pastoral, et se dit que cinq ou six vaches de Suisse seraient un assez joli mobilier pour son étable et qu'il pourrait se vanter de posséder alors le plus agréable châlet du canton. Il eut beaucoup de peine à comprendre que son étable n'était qu'une écurie assez grande tout juste pour contenir un cheval blanc de la même nature que celui qu'il avait donné à M. Sandeau.

Après avoir rêvé la Suisse à Ville-d'Avray, M. de Balzac a conçu une infinité d'autres projets qui dénotent en lui une imaginative fort exercée. On m'a dit qu'en ce moment-ci, il voulait couvrir d'espaliers les murs de son jardin, et qu'il cherchait des actionnaires pour la culture des pêchers.

Je ne sais pas jusqu'à quel point on doit avoir foi dans ces différentes anecdotes, toujours est-il qu'une bizarre originalité est empreinte dans la plupart des actes de notre écrivain. Les hommes les plus sérieux sont ceux dont l'esprit est le plus porté aux enfantillages, quand ils se reposent de leurs graves occupations; et il faut que la tête de M. de Balzac soit bien forte pour résister à ce chaos de conceptions qu'elle renferme, aux hallucinations de son cerveau et aux pénibles agitations de sa vie privée.

Nous ne comprenons pas les malveillantes attaques qu'il a essuyées de la part de certains critiques : sans doute son style est trop souvent tourmenté, affecté, troublé par une foule de termes baroques dont la brutale apparition effraie le lecteur et l'éclabousse comme une pierre jetée tout à coup dans une eau paisible sur le bord de laquelle il rêvait avec délices; mais tous ses ouvrages respirent une connaissance si heureuse du cœur humain, une si étonnante érudition, une si parfaite honnêteté au fond, qu'il est impossible de ne pas estimer et admirer ce prodigieux talent. Nous ne regrettons qu'une chose, c'est cet abus que M. de Balzac fait de sa fécondité, et cette persistance à traiter la littérature sous le point de vue commercial. Une belle œuvre, longuement élaborée, ne ferait-elle pas d'un même coup, et la fortune et la réputation de son auteur?

Enfin, prenons-le comme il est; c'est une organisation des plus extraordinaires, qui n'a pas dit encore son dernier mot, ni donné toute sa mesure. Cet homme n'est pas apprécié de nos jours comme il devrait l'être. On lui doit justice et réparation. On lui a infligé le ridicule, mais le ridicule s'envole comme la paille attachée au pur froment. Le jour où l'on voudra compter ses bonnes gerbes, M. de Balzac sera consolé, car il y aura peu de moissons aussi riches que la sienne.

FIN.

ÉCRIVAINS ET ARTISTES VIVANTS,

FRANÇAIS ET ÉTRANGERS.

BIOGRAPHIES AVEC PORTRAITS.

PAR

X. EYMA ET A. DE LUCY.

> Quique suî memores alios fecere merendo,
> Omnibus his niveâ cinguntur tempora vittâ.
> VIRGILE.

Peintres. — Ary Scheffer.

 9ᵉ *Livraison.*

PARIS,
A LA LIBRAIRIE UNIVERSELLE,
15, place de la Bourse.
ET CHEZ TOUS LES LIBRAIRES.

1840.

IMPRIMERIE D'AD. BLONDEAU,
7, rue Rameau.

ARY SCHEFFER.

ÉCRIVAINS ET ARTISTES VIVANTS,
FRANÇAIS ET ÉTRANGERS.

PEINTRES.

ARY SCHEFFER.

> Sans doute le poète, et tout artiste comme le poète, doit s'attacher à rendre ses compositions naturelles; mais cette imitation de la nature est la perfection de l'art et son dernier effort.
>
> THOMAS REID.

C'est pour la seconde fois, depuis que nous avons commencé ce livre, qu'un peintre arrive sous notre plume. On comprend aisément combien le cadre étroit de ces biographies doit resserrer nos idées, et laisser peu d'espace à leur développement. Nous sommes contraints d'exposer en quelques lignes, souvent en peu de mots, des aperçus fugitifs, lorsque nous aurions si bonne envie de formuler, une fois pour toutes, une théorie qui fût l'expression complète de notre pensée.

Les exigences de la biographie proprement dite, telle que nous l'avons comprise, c'est-à-dire avec développement des faits, sans omission des moindres accidents, se concilient assez peu avec les exigences de la critique telle que nous voudrions la concevoir, c'est-à-dire nette, claire, explicative sur tous les points, autant que faire se pourrait.

Aujourd'hui, comme la première fois, nous ne saurions donc donner notre dernier mot sur la peinture, sous peine de faire faute à nos engagements.

A mesure que nous avancerons dans notre œuvre, les idées que nous avons émises dans la biographie de M. Delacroix apparaîtront plus vraies, plus positives, plus irrécusables; et nous tâcherons de suppléer à la *théorie* par les *faits*, et par l'examen du talent de chaque artiste, nous essaierons d'arriver droit au but que nous voulons atteindre.

La biographie de M. Ary Scheffer sera, à coup sûr, une des plus concluantes en faveur de notre thèse, par les arguments et les preuves que nous en tirerons; car M. Ary Scheffer est un des peintres les plus hauts placés dans l'opinion publique, un de ceux qui obtiennent et méritent le plus de sympathies, sympathies que justifie sa tendance continuelle à rechercher le beau et le noble, sans exclusion des puissantes qualités qui font tout d'abord un peintre : l'inspiration, le dessin, la couleur.

A quel degré il les possède aujourd'hui, c'est ce que nous allons démontrer.

Par un certain côté intellectuel, M. Scheffer est un peu le frère de M. Delacroix, par l'instinct et par le goût de la poésie. — Le résultat est différent à la vérité; le sentiment n'est pas le même, c'est encore vrai : l'un, Scheffer, cultive en son cœur les semences de cette poésie que nous appellerons *intime*; l'autre reflète plutôt le monde extérieur. Jusqu'à ce jour, il est deux peintres que par la nature de leurs talents, ou peut-être de leurs caractères, on a comparé à deux poètes : M. Delacroix à M. Hugo ; M. Delaroche à M. Delavigne. Pour continuer cette analogie, nous comparerons Scheffer à Lamartine ; et en cela nous croirons nous tromper encore moins.

Tous deux possèdent à un égal degré cette sorte d'illumination intérieure qui fait que les seules émotions, les seules impressions de leurs âmes sont la source intarissable de leur poésie. Arraché à tous les bruits, à tous les mouvements du dehors, jeté par accident au fond d'une solitude, la même musique eût chanté dans le cœur de M. de Lamartine, aussi belle, aussi grande, aussi noble qu'aujourd'hui, où il se trouve mêlé à tous les drames de la vie, et soumis aux agitations du monde.

Voilà aussi M. Scheffer.

Aussi, voyez comme il recherche la compagnie des poètes qui lui ressemblent! Ou s'il aborde des sujets hors du domaine de la poésie intime, des sujets historiques par exemple, il saura les choisir ; et, par une sorte de raffinement instinctif et une délicatesse exquise, il les élèvera toujours, sans effort, à ce niveau sublime d'où plane son intelligence.

On peut être poète et très grand poète, peintre et très grand peintre sans ces conditions; ce n'est donc au détriment de personne que nous émettons ces idées ; mais il nous faut distinguer la part du génie de chacun ; or, voilà celle de M. Scheffer.

Il est un fait dans la vie de M. Ary Scheffer qu'il importe de rapporter pour deux causes : il nous révèlera d'abord le cœur de l'homme dans tout ce qu'il a de plus sensible et de plus élevé; il est en même temps de nature à nous donner la mesure du caractère de l'artiste.

C'est une très touchante histoire qui n'a guère, je crois, sa pareille dans le monde;

c'est avec émotion que nous l'avons entendu raconter; nous la consignons ici avec admiration, en la citant comme une de ces actions qui glorifient le cœur où elle a germé. Or donc, M. Scheffer avait une mère, douce et excellente femme sur laquelle il avait concentré tout ce qu'une âme peut rayonner d'amour filial. La gloire qu'il acquérait chaque jour par un assidu travail, au prix de sa santé, il semblait ne l'accepter que comme un don précieux à offrir à cette bienheureuse et bien-aimée mère; il n'était fier que de sa fierté à elle; il ne se faisait grand qu'à condition que sa grandeur jetterait un éclat de plus sur elle : il n'était heureux que de son bonheur, et il eût volontiers sacrifié d'un coup, gloire, orgueil, bonheur, tout pour sa mère. En quelques mots nous pourrons révéler toute la profondeur de cet amour et montrer combien sa vie était liée à cette autre existence. Tant que Mme Scheffer vécut, Ary, que ses goûts pouvaient bien appeler à visiter d'autres cieux, à essayer de cette vie nomade qui est une des prédilections de l'artiste, n'osait s'en aller de Paris à plus de quinze lieues, l'excellent fils ! de peur d'être séparé de sa mère plus d'un jour. Loin d'elle, il lui semblait qu'il ne vivait plus. Il laissait au logis plus qu'une moitié de lui-même, et avait hâte de retrouver ce qu'il croyait perdu.

Il en fut de cet amour filial si religieusement poétisé, ce qu'il est de toutes les joies de la terre ! — Cette mère mourut, et le pauvre homme tomba dans la désolation.

Mais rien, pas même la mort, pas même le temps n'effacèrent de son âme cette profonde affection ; après avoir pleuré toutes les larmes de ses yeux sur ce rêve trop tôt évanoui (tout bonheur est un rêve dans ce monde, par sa courte durée), il sentit l'horreur du vide que cette mort avait creusé autour de lui. Lorsqu'il releva sa tête douloureusement affaissée, il promena ses yeux partout et ne vit plus rien ; il appela, et cette voix qui faisait épanouir son cœur ne répondit plus!..

Il ne pouvait vivre ainsi ; il fallait qu'il

s'occupât de la pauvre trépassée comme si elle fût encore de ce monde, et qu'il accordât à sa mémoire le temps, les soins et l'amour qu'il donnait à sa vie. Il en appela donc à ses souvenirs, et se prit à faire un premier portrait de sa mère. Il fut calme et heureux tant que dura le travail ; mais il se lamenta de nouveau lorsqu'en contemplant ces traits, il ne trouva plus qu'une image muette et immobile à adorer. Il fit un second portrait, puis un troisième, et depuis lors il consacre, dit-on, la plupart de ses loisirs à reproduire cette même figure, étalant sur sa toile les richesses de sa palette en même temps que les richesses de son cœur.

Quand nous vous disions, en commençant, que cette histoire n'avait pas sa pareille dans le monde ! Voilà pour l'homme.

Maintenant, partant de ce raffinement de passion toute spirituelle, de cette soif inextinguible qui pousse son âme à boire jusqu'à l'épuisement la coupe des jouissances morales, nous devrons tirer un point de ressemblance avec le caractère de l'artiste, et nous vérifierons cette vérité, si souvent prouvée, que le style c'est l'homme.—Disons donc, dans l'espèce, afin de plus généraliser l'axiome, que *l'œuvre* c'est l'homme. En effet, observez que M. Scheffer qui regarde comme inépuisable la poésie du cœur, la poésie des passions, qui la retourne dans tous les sens, l'approfondit dans ses plus secrets et ses plus inattendus mystères, tient également pour inépuisable la poésie de son pinceau et de ses couleurs, la poésie des sujets qu'il confie à leur féconde expérience. Ainsi, depuis sept ou huit ans, il s'est attaché à traduire journellement les idéalités de Gœthe, et il n'en a pas fini avec lui. — Depuis sept ou huit ans, vous le voyez préoccupé vivement surtout de cette belle et poétique Marguerite. Tant qu'il découvrira une veine inexplorée de cette mine, il la fouillera, il l'exploitera. Voilà certes un sujet poétique entre tous! D'un seul coup bien d'autres, malgré ses magnificences, l'auraient épuisé ;

mais Ary Scheffer, en l'abordant, en a deviné les immenses ressources. Et il en est de cela comme de son amour filial; il l'a enveloppé de son âme. C'est actuellement son bien, sa proie. Il pressurera Gœthe jusqu'à ce qu'il n'y trouve plus rien. Et moi je sais qu'il y trouvera toujours quelque chose!

Pour entrer dans une appréciation détaillée du talent de Scheffer, il nous faut commencer par le prendre au berceau, signaler graduellement la marche de ses œuvres et de ses progrès, et arriver ainsi à l'embrasser dans son ensemble.

Ary Scheffer est né à Dordrecht, en Hollande, en 1795. Je ne sais quelles circonstances l'amenèrent en France; mais il y arriva lors de la réunion des Pays-Bas à l'empire français, et entra à l'atelier de Pierre Guérin. Il avait apporté avec lui la mélancolie et la rêverie de cette vague et flottante poésie du Nord, qui est toujours restée, malgré les fréquentes variations qui se sont opérées, dans la manière de Scheffer, comme le levain de son âme, forte et vivifiante nourriture !

Il débuta au salon de 1817 par deux tableaux, dont l'un représentait *la mort de St-Louis;* le sujet de l'autre était emprunté à Ossian; dans ce dernier il avait rivalisé de vague et de nuageux avec le barde gallique. L'artiste s'était trouvé là à l'aise; plus encore que ses goûts, son extrême jeunesse l'avait entraîné à outrer le poète. Quoi qu'il en soit, ses deux tableaux et celui qu'il exposa l'année d'après, *les Bourgeois de Calais* au moment où ils quittent la ville, tous trois d'ailleurs dans la manière de l'école de Guérin, étaient de nature, sinon à révéler dans son entier le brillant avenir de M. Ary Scheffer, du moins à faire pressentir son talent, et par conséquent, devaient attirer l'attention. Il en fut ainsi.

Mais notre jeune artiste avait donné bien prise à la critique; il se montra en tout cas docile aux avertissements; et au salon suivant, deux autres tableaux, un *St-Louis visi-*

tant les *pestiférés* et un *St-Thomas pendant la tempête*, signalèrent d'immenses progrès ; un notable changement s'était fait remarquer sous le double rapport de la couleur, qui avait acquis plus de fermeté, et de la composition, qui avait perdu de son indécision. — Personne mieux que le peintre lui-même pourrait vous dire ce qu'il en coûte d'études, et ce qu'il faut de persévérance pour arriver à satisfaire les goûts de chacun et surtout pour tailler un peu les ongles de la critique. Malgré les progrès que nous signalions tout à l'heure dans la manière de M. Ary Scheffer, on s'attacha à lui démontrer qu'il se trompait sur la couleur, et qu'il était entré dans une mauvaise voie. Il écouta de nouveau la critique, et dans son *Gaston de Foix*, exposé la même année que le *Massacre de Scio*, de Delacroix, il fit ce qu'on lui avait dit, il corrigea sa couleur, mais par malheur négligea le reste ; c'était presque infaillible.

Jusqu'à présent vous avez vu avec qu'elle

merveilleuse souplesse, avec quelle rare soumission M. Ary Scheffer est allé à droite quand on le lui conseillait, à gauche selon l'avis qu'on lui en donnait, et avant que d'arriver au terme où il en est, il a subi de nouvelles transformations que nous indiquerons. Aux yeux de quelques uns, ceci passerait pour faiblesse et abdication de cette grande indépendance de volonté qui fait la force de l'artiste. Nous ne l'envisagerons pas comme cela, nous, et voici pourquoi : c'est que M. Ary Scheffer, en agissant ainsi, n'a point abdiqué la nature de son talent, c'est qu'en se montrant docile aux avertissements, il a compris qu'on ne lui demandait pas de renoncer à tout ce qui constituait l'originalité et la puissance de ce talent, mais seulement une modification dans la manière de faire valoir ses grandes et nobles idées. Oh! si on eût exigé plus de lui, n'en doutez pas, vous l'eussiez vu se retrancher dans sa conscience et sa dignité. Qui peut blâmer M. Ary Scheffer d'avoir fait ce qu'il a fait?

Qui ? pardieu ! la direction des beaux-arts d'alors, qui le mit à l'index, comme elle avait jeté l'anathème sur Eugène Delacroix, ainsi que nous l'avons dit. Elle seule trouva M. Scheffer récalcitrant, et le rangea au nombre des peintres indisciplinables, probablement parce qu'elle n'avait pas eu l'intelligence des autres juges, et qu'elle avait la prétention d'exiger de lui des concessions un peu plus qu'arbitraires (soyons polis), auxquelles l'artiste, par dignité, ne pouvait se soumettre. Nous avions donc raison de vous dire plus haut que M. Ary Scheffer n'était point l'esclave des observations du premier venu, et qu'il avait son indépendance à faire valoir bien haut au besoin. Ce n'est pas pour la dernière fois que nous nous trouverons dans le cas de récriminer contre de pareilles injustices, et nous ne négligerons certes jamais de le faire avec toute l'énergie convenable ; nous demanderons donc, comme nous le demandions à propos de M. Delacroix, de quel droit une direction des beaux-arts, qui ne peut exister que sous la condition d'être juste et intelligente, cherche des querelles aussi mesquines à un artiste! de quel droit elle se mêle de changer le cours de sa pensée? Du moment où vous l'avez distingué et où vous vous adressez à lui, c'est qu'il doit vous convenir tel qu'il est. Si vous vous permettez de lui demander des comptes et de ne l'employer qu'à condition, il vous demandera si vous le prenez pour un manœuvre, et vous tournera le dos.

C'est ce que fit M. Ary Scheffer, et il demeura quelques années sans obtenir de commandes.

Il s'occupa alors de tableaux de chevalets, et exposa, en 1829, les *Femmes Souliotes*. Cette toile attira sur l'auteur une attention plus sérieuse, et de la part de la critique et de la part du public. De là commence sa réputation. Il avait enfin franchi le pas si difficile à franchir, sorte de Rubicon au delà duquel l'artiste, depuis longtemps apprécié par les gens de l'art, trouve auprès du public la vogue toujours si lente à venir!

Les Femmes Souliotes avaient révélé de nouvelles et puissantes qualités. Ce tableau fut éminemment distingué et acheté par le gouvernement, pour être placé au Luxembourg.

L'année 1831 fut l'année féconde, et aussi l'année heureuse pour M. Ary Scheffer. Il se présenta au salon à la tête d'un vrai bataillon de tableaux ; énumérons : *Anne d'Autriche;* les critiques d'alors ne lui firent pas fête, mais, en revanche, épanchèrent toute leur admiration sur ses deux têtes de *Faust* et de *Marguerite*; ces deux ouvrages produisirent un effet surprenant au salon : pour la première fois, Scheffer, après avoir l'avoir bien longtemps rêvée, mettait au jour cette angélique figure de Marguerite, qui deviendra l'idéal de toutes ses compositions: « Le carac-
« tère de la tête de *Faust* est remarquable,
« lisons-nous quelque part. — Je n'ai pas
« eu le temps de chercher dans la *Marguerite*,

« continue le même écrivain, quelques dé-
« fauts de dessin qu'on m'avait signalés;
« j'étais bien occupé d'autre chose: j'étais
« absorbé par la poésie!... »

La Sœur de Charité et la *Ronde d'enfants*, deux gracieux emprunts faits à Béranger. *La Tempête*, scène éminemment dramatique, qui présentait un côté nouveau dans la manière du peintre. Une sorte de terreur pleine d'émotion saisissait à l'aspect de cette toile. On se laissait aller à partager les craintes et l'épouvante, les larmes et les angoisses de cette troupe d'hommes, de femmes et d'enfants qui encombraient le rivage, l'œil fixé à l'horizon sur un pauvre navire... Sous le rapport de la composition, ce tableau était un des plus beaux progrès de M. Ary Scheffer; mais celui qui lui valut le plus d'éloges comme exécution, fut *le Retour de l'armée*, sujet emprunté à la ballade de *Lenore*: pour le dessin et pour la couleur, on regarda cette petite toile comme complète. *Le Christ appelant les petits enfants à lui* est, de tous les

Christ de M. Scheffer, le plus estimé; c'est une composition toute *rembranesque*. C'était une idée des plus heureuses qu'avait eue M. Scheffer de présenter le Christ assis au pied d'un arbre, sur la terre ; il y a dans cette pose quelque chose de simple et de naïf qui n'exclut pas la dignité, mais qui, en enlevant au fils de Dieu les derniers prestiges de sa majesté et le faisant plus homme encore, devait moins intimider ces petits enfants, dont les visages frais et roses respirent une candeur admirable ; l'étonnement des mères, le recueillement des apôtres qui écoutent en silence les divines paroles du Christ sont d'un religieux effet. On a dit de ce tableau que, vu de loin, il ressemblait à une esquisse terminée de quelque vieux maître. Certes, en cette année, 1831, M. Ary Scheffer avait été fécond, mais pour ne rien oublier, nous citerons encore une *Scène des journées de Juillet*, et bon nombre de portraits, dont les uns furent loués et d'autres sévèrement jugés. Le portrait équestre de Henri IV, destiné au musée de Versailles, celui du général Lafayette, ceux de M. Dupont (de l'Eure) et du prince de Talleyrand lui valurent de grands éloges.

On voit quel pas M. Ary Scheffer venait de faire; et cette exposition avait été bien décisive ; pour sa réputation qui se consolidait dès lors, et par les résultats que ce grand nombre de tableaux, assez différents de genre, amenèrent, à peu de temps de là, dans sa manière. Il est évident, et nous venons de le montrer, soit en rappelant l'opinion des hommes qui le jugeaient alors, soit en émettant nos idées personnelles, il est évident, disons-nous, qu'en somme, M. Ary Scheffer sortit victorieux et couvert de gloire de ce salon de 1831. Toutefois, il ne s'en alla pas encore sans quelques blessures ; on lui porta des coups de lance à propos de son dessin, et on ne lui fit pas grâce toujours pour sa couleur. M. Ary Scheffer avait à cette époque une tendance exagérée à imiter Rembrandt; ce n'est pas qu'il le copiât en écolier inintelligent, ce n'est pas non plus que Rembrandt soit un si mauvais maître à copier ; mais vous comprenez dans quelles fautes peut et doit tomber un imatateur exagéré, quelle que soit son intelligence à lui, quelle que soit la perfection du modèle! Heureusement, il ne s'entêta pas à suivre cette voie ; il fit comme il avait déjà fait : pénétré qu'un conseil donné à propos est toujours profitable ; il s'appliqua à corriger son dessin, ne négligea pas même les avis de ses confrères les plus hauts placés (nous savons qu'il rechercha plus d'une fois ceux de M. Ingres), et changeant complètement sa couleur, il laissa de côté le *savoneux* pour peindre un plus *gris*. Lors donc qu'il se présenta au salon de 1833, avec le *Giaour*, on trouva en lui un peintre consommé, qui possédait toute la puissance de son art. Ce *Giaour* était un chef-d'œuvre qui laissait de bien loin derrière toutes les compositions antérieures ; il y avait dans l'expression des traits une profondeur de pensée extraordinaire ; l'impression qu'on ressentait à la vue du désespoir, de la rage et de la résolution qui débordaient dans ce visage vous tenait longtemps au cœur.

Ce tableau et ceux que nous allons citer étaient tout à fait dans la nouvelle manière de M. Scheffer. La *Marguerite à l'église* réveillait de si puissants souvenirs, et l'on se rappelait avec tant de bonheur cette gracieuse figure une première fois poétisée, que toutes les prédilections se concentrèrent sur elle. Ce n'était plus seulement cette belle créature, suave et pure expression de la grâce allemande; c'était la Marguerite aimante et repentante. Elle est là, agenouillée, sa Bible s'est échappée de ses mains, et l'on croit entendre tomber de ses lèvres ces paroles du poète : « Malheureuse ! ah ! si je pouvais « me soustraire aux pensées qui se succèdent « en tumulte dans mon âme et s'élèvent « contre moi ! » — Sa tête est penchée, tout son corps affaissé. L'exécution de ce tableau est d'un effet imposant. Quel calme dans cette église! quel recueillement autour du prêtre qui lit l'Evangile à l'autel! Effrayant contraste avec cette agitation qui bouillonne dans le cœur de la pauvre Marguerite. Que de beautés à détailler! — La *Françoise de Rimini* renferme aussi des qualités de premier ordre. Le succès obtenu en 1833 fut un véritable triomphe; cette année-là la palme du salon resta à M. Ary Scheffer : désormais son nom faisait grand bruit, et l'on se demandait, à l'ouverture de chaque exposition, où étaient les tableaux de Scheffer. En 1834, ses succès ne furent pas moindres pour sa *Médora*, belle et poétique figure qui eût enthousiasmé Byron lui-même à qui le peintre l'empruntait, et pour son *Larmoyeur*, sujet tiré de la ballade allemande; ce dernier tableau était une tentative de retour vers l'ancienne manière, mais avec correction et épuration.

En 1832, il avait exposé au musée Colbert la *Retraite de Moscou*, composition bien sentie, mais qui rappelait aussi par certains côtés ses anciennes négligences de dessin, et dont la couleur un peu sale et grise était plutôt l'effet d'une combinaison et d'un calcul que d'une imperfection de pinceau. Un nouveau tableau religieux, le *Christ consolateur* (salon de 1837) fut signalé comme une belle œuvre; la tête du Christ fut seulement critiquée; on lui reprocha d'être lui-même plus affligé que tous les malheureux auxquels il tendait sa main bienfaitrice : c'est pour la première fois que nous ayons vu blâmer dans Ary Scheffer la vérité du sentiment. La *Bataille de Tolbiac* (même année) était un sujet qui sortait des attributions spirituelles de Scheffer; il lui faut avant tout de la poésie douce et calme, et non cette sauvagerie guerrière ; aussi l'ordonnance manquait un peu dans l'ensemble de cette toile ; mais il semblait avoir concentré toute sa pensée sur la tête de Clovis : là, il avait été à même de se montrer grand poète; il le fut. Cette seule tête de Clovis rachetait tous les défauts du tableau.

Pour ne rien oublier de lui, mentionnons son *Witikind* pour le musée de Versailles, et réservons quelque place pour parler à notre aise de sa dernière exposition, celle de 1839. C'est encore *Marguerite*, mais elle sort de l'église ; c'est au moment où Faust la voit pour la première fois. Quel calme! quelle pureté sur ce front! quelle admirable poésie! —M. Scheffer n'avait pas encore atteint cette hauteur de dessin, cette perfection de couleur ! — Les deux tableaux de *Mignon regrettant sa patrie* étaient deux sujets pleins de larmes et de tristesse! Nous avouons que nous avions donné toutes nos prédilections à ces deux toiles, et nous nous rappelons encore l'affluence de monde qui s'y portait! M. Scheffer était un bien grand poète en ce moment-là ! Et je gage que ses tableaux ont fait relire Goethe par ceux-mêmes qui le savaient par cœur, et ont valu à l'illustre poète plus d'un nouveau lecteur. Ces trois grandes et magnifiques toiles avaient bien un peu absorbé l'attention du public (mais non des artistes) au détriment de son *Christ*, qui était la douleur même, et de son vieux *Roi de*

Thulé qui, à lui seul, eût valu bien des applaudissements et bien des sympathies au peintre. Ce bon vieux roi qui buvait une fois encore dans cette coupe, dernier souvenir de ce qu'il avait le plus aimé au monde. On se rappelle les vers du poète allemand :

    Il était un roi de Thulé,
    A qui son amante fidèle
    Légua, comme un souvenir d'elle,
    Une coupe d'or ciselé.

    C'était un trésor plein de charmes,
    Où son amour se conservait ;
    A chaque fois qu'il y buvait,
    Ses yeux s'emplissaient de larmes.

Et puis, se sentant mourir, le vieux roi rassemble ses barons et sa cour, sa main tremblante portant cette coupe chérie à ses lèvres, il y but pour une dernière fois, la jeta dans la mer, puis expira... Il était impossible d'amasser sur une plus noble figure de vieillard plus d'amour, de majesté et de résignation, plus de poésie! Il y a quelque chose de touchant dans l'histoire de ce vieillard, il y a quelque chose de grand et de sublime dans le tableau!

Nous voudrions maintenant résumer un peu M. Ary Scheffer ; nous avons indiqué au fur et à mesure les diverses transformations qu'il a fait subir tantôt à son dessin, tantôt à sa couleur, sans jamais porter atteinte à la nature de son talent qui part essentiellement d'un sentiment bien prononcé de la poésie. Nous avons approuvé ces modifications, parce qu'elles nous ont paru venir d'un esprit réfléchi et désireux de faire des progrès, parce qu'enfin ces modifications ont conduit M. Scheffer à la réputation incontestable qu'il s'est acquise. S'il eût persévéré dans les mauvaises voies qu'il avait tentées, il eût fait comme tant d'autres, il serait resté en route. M. Scheffer n'est point ce qu'on peut appeler un peintre *populaire*, parce qu'il choisit ses sujets dans des régions beaucoup trop élevées pour frapper les masses, il parle moins aux yeux qu'à l'âme, et encore s'adresse-t-il de préférence aux imaginations mélancoliques et réfléchies. Ses tableaux ne sont pas de ceux qui frappent à première vue; il y a bien en eux quelque chose qui saisit tout d'abord, mais il faut pour ainsi dire les méditer, afin que toutes les beautés qui sont cachées se montrent une à une. Nous avons entendu quelques adversaires de M. Scheffer résumer ainsi leurs attaques : *c'est un poëte, mais non pas un peintre !* Singulier reproche en vérité ! Et ils ne songent pas qu'ils accordent à cet artiste le plus bel éloge ! Ce n'est pas seulement par le pinceau que M. Ary Scheffer fait triompher son admirable système, mais aussi par la plume, comme on peut s'en assurer dans une histoire de la peinture qu'il a publiée dans le premier numéro de la *Revue française*, cette importante publication qui se fonda sous la direction des deux hommes politiques les plus imposants de France, M. Guizot et M. de Broglie.

Nous ne saurions vous garantir si M. Scheffer nous fera l'honneur d'exposer l'année prochaine les immenses toiles qui sont dans son atelier encore à l'état d'ébauches; mais vous pourrez tôt ou tard les admirer à Versailles, où il est chargé, conjointement avec M. Paul Delaroche, de peindre une salle entière ; la collaboration de deux hommes pareils nous assure de belles pages historiques.

M. Ary Scheffer a été le professeur de la princesse Marie, et nous devons le remercier de ce grand talent qu'il avait donné à la France. Qu'il nous soit permis de jeter en passant quelques larmes sur cette belle destinée que la mort a sitôt moissonnée. C'était vraiment quelque chose de noble que de voir une princesse, plus fière de sa couronne d'artiste que de sa couronne ducale, se faire bien simple pour vivre en sœur parmi ceux qu'elle appelait ses frères, et les dépasser encore de toute la grandeur de son talent !

La mort qui est si brutale lorsqu'elle dévaste, ne sait heureusement qu'à moitié son métier ; elle a emporté le corps, mais elle nous a laissé l'âme, elle nous a laissé la pensée, elle nous a laissé un immortel chef-d'œuvre qui rappellera de tous temps une jeune princesse dont le souvenir eût passé comme celui de toutes les princesse du monde, si elle n'eût pas été une grande artiste. Nous nous trompons cependant, car on se fût rappelé longtemps encore ses grâces et sa bonté.

Nous ne terminerons pas cet article sans consacrer quelques lignes à M. Henry Scheffer, le frère d'Ary. Si quelquefois le nom d'un frère est d'un grand secours pour la réputation, il faut avouer que souvent il peut vous écraser de toute sa gloire ; c'est ici le cas.

M. Henry Scheffer n'est pas un peintre de premier ordre ; mais certes il a fait quelques bons tableaux qui ont attiré sur lui l'attention. Il ne possède pas toutes les qualités de son frère ; mais il a comme lui quelque chose de cette étincelle poétique. Ce qu'il a fait de plus remarquable est son *Prêche Protestant* (1838), qui était bien de nature à rappeler un peu la manière d'Ary; nous allons énumérer quelques uns de ses principaux tableaux : *Charlotte Corday* (1831), la *Bataille de Montereau*, le *Combat de Champaubert*, le *Combat de Montmirail*, le portrait d'*Armand Carrel*, etc., Ces différentes toiles placent leur auteur au rang de nos artistes distingués. — Pourquoi diable ! M. Henry Scheffer a-t-il un frère qui s'appelle Ary ?

FIN.

ECRIVAINS ET ARTISTES VIVANTS,

FRANÇAIS ET ÉTRANGERS.

BIOGRAPHIES AVEC PORTRAITS.

PAR

X. EYMA ET A. DE LUCY.

> Quique sui memores alios fecere merendo,
> Omnibus his niveâ cinguntur tempora vittâ.
> VIRGILE.

Ecrivains. — Mme Émile de Girardin.

10e *Livraison.*

PARIS,

A LA LIBRAIRIE UNIVERSELLE,
13, place de la Bourse.

ET CHEZ TOUS LES LIBRAIRES.

1840

IMPRIMERIE D'AD. BLONDEAU,
7, rue Rameau.

Mme EMILE DE GIRARDIN.

ÉCRIVAINS ET ARTISTES VIVANTS,

FRANÇAIS ET ÉTRANGERS.

ÉCRIVAINS.

Mme ÉMILE DE GIRARDIN,

(NÉE DELPHINE GAY.)

Nos lecteurs s'attendent probablement à nous voir discuter avec passion cette thèse si souvent débattue : *Les femmes doivent-elles écrire ?* Quelques esprits trop prompts se hâteront, sans doute, de croire que nous avons conclu négativement, et comptent peut-être, quand ce ne serait que par plaisir, sur quelques mordantes attaques de notre part...

Eh bien, non !

Et nous nous empressons de vous dire que nous établissons une notable différence entre la *précieuse* d'autrefois et la *femme de lettres* de nos jours. Nous aurions pu vous faire passer un assez agréable moment en prenant pour épigraphes à cette biographie quelques unes des épigrammes qui ont été lancées contre les femmes de lettres; mais nous ne l'avons pas voulu, même en nous réservant de les combattre; nous vous adressons pour cela aux sources que vous connaissez aussi bien que nous. Et Dieu sait quelles disgrâces elles ont encourues! Il faut le dire aussi, à l'époque où elles ont été le plus satirisées, elles l'avaient, ma foi, bien mérité; mais Labruyère, Boileau, Molière radouciraient un peu leur ton aujourd'hui.

Il nous serait trop long d'écrire ici l'histoire et de rappeler les beaux temps de l'hôtel Rambouillet, de citer des noms dont la seule présence raconterait bien des choses; nous nous contenterons de vous renvoyer aux *Précieuses ridicules*, aux *Femmes savantes* et aux vers de Boileau, comme à l'histoire la plus fidèle des travers d'un siècle.

A la grande gloire des femmes de lettres de nos jours, on peut dire qu'elles ont laissé de côté l'afféterie et le pédantisme nauséabonds qui en faisaient des épouvantails. Et si elles ont parfois oublié dans leurs garde-robes l'élégant mantelet pour endosser le paletot, le brodequin de soie, pour chausser la botte à éperons, si elles ont négligé les grâces et les minauderies du langage féminin pour les énergiques phrases de la langue virile ; si, en un mot, elles ont abdiqué leur rôle pour prendre celui d'hommes, aborder la discussion des plus arides sciences, de la plus haute philosophie, il faut avouer qu'elles se tiennent à la hauteur de ce rôle d'emprunt, et qu'en cela il n'y a point affectation, mais une vraie science, une véritable érudition ; d'ailleurs il en est sorti d'assez beaux résultats pour que nous ne réprouvions plus les femmes de lettres, qui ne sont plus aujourd'hui des *précieuses*, et à peine encore des *bas bleus*. Leur droit de cité est donc parfaitement en règle ; nous ajouterons que cela est bien ainsi. Ce mot de l'une d'elles : *le génie n'a pas de sexe*, nous le placerons ici comme la plus franche expression de notre pensée, et l'on en peut vérifier toute la vérité en lisant les ouvrages de Sévigné, de Staël, et de quelques autres.

Donc, à notre avis, les femmes ont parfaitement le droit d'écrire, et nous leur accordons le droit d'être spirituelles, voire même *savantes*, pourvu qu'elles ne passent pas certaines bornes au delà desquelles nous leur retirerions toutes nos sympathies.

Quoi qu'on dise, quoi qu'on écrive, notre époque est assez riche de talents, et nous voyons que les noms littéraires encombrent passablement notre porte. Voilà que l'autre jour en appelant à nous Mme de Girardin elle est venue escortée de deux écrivains qu'elle tenait par la main, et nous les a présentés comme inséparables d'elle.

En toute justice nous ne pouvions, nous ne devions pas les écarter ; et il se trouve que d'un seul coup notre tâche est triplée. Nous allons donc avoir trois physionomies à esquisser dans cette biographie, trois portraits dans un même cadre ! Vous avez compris déjà que les deux autres personnages dont nous voulons parler sont Mme Sophie Gay et M. Émile de Girardin ; la mère et le mari de Mme de Girardin. A défaut de portrait *lithographié*, nous essaierons de vous en donner un *écrit*.

Il n'y a pas longtemps, celui de nous qui écrit ces lignes vit entrer dans un salon une femme de taille moyenne, à la physionomie mobile et intelligente, *ni brune ni blonde*, mais avec des cheveux gris (ce qui est toujours spirituel de la part d'une femme âgée); cette femme, dont la présence avait mis en émoi toute l'assemblée, se présenta avec une distinction et en même temps une simplicité de manières qui avaient un parfum de bonnes traditions ; puis elle se plaça dans un angle du salon, un peu dans l'ombre, avec une modestie qui semblait en garde contre les regards d'admiration, peut-être bien aussi d'envie des autres femmes qui l'entouraient. Je négligeai d'écouter une charmante voix qui chantait en ce moment ; j'étais tout occupé à examiner cette figure, qui a dû être d'une grande beauté. Elle était bien attentive à la musique ; ses traits reflétaient toutes ses émotions avec une mobilité si franche et de si bonne foi, que j'augurai bien de son cœur ; je fus saisi surtout par son œil plein de feu et de lumières. Le chant une fois terminé, elle adressa à l'artiste des compliments avec tant de bonne grâce affectueuse, qu'on était tenté de lui envier cette part d'éloges. Pendant un court moment la conversation s'engagea autour de Mme Sophie Gay, et je puis dire que ce fut là une des plus charmantes causeries que j'aie entendues. Je fus à même d'éprouver combien est fin et délié l'esprit tant vanté de cette femme, que l'on peut nommer à bon droit un des plus aimables conteurs que nous ayons; je me rappelai près d'elle toutes les merveilles qu'on nous a cent fois dites des salons de nos pères; mais j'ose croire, un peu pour l'honneur de nos contemporaines, que les femmes d'autrefois n'avaient pas toutes l'esprit et les grâces de Mme Sophie Gay. Elle partit trop tôt, et je dois le dire, hélas! la conversation redevint quelque peu banale.

Telle je m'étais figuré Mme Sophie Gay par la lecture de ses ouvrages, qui ont toujours obtenu de si beaux succès, telle je la trouvai alors; mais laissons un peu la femme du monde pour dire quelques mots de l'écrivain.

La réputation littéraire de Mme Sophie Gay date de loin; elle avait été, dès son début, rangée au nombre de ces romanciers aimables et faciles, dont la finesse et le goût faisaient vivement désirer la lecture. Elle s'était posée comme le chroniqueur des mœurs du vieux temps; et, par instinct, son talent la reportait à ces époques de belles manières et de grandes amours qui ont été l'honneur de la chevalerie française. C'est ainsi que nous avons eu la *Duchesse de Châteauroux*, la *Comtesse d'Egmont*, *Marie de Mancini*, etc., etc.

Tous les livres de Mme Sophie Gay ont un cachet particulier d'originalité. Il y a en elle quelque chose de Mme de Lafayette, c'est un peu cette même finesse d'observation, cette même passion pour les beaux et nobles sentiments, qu'elle aime à développer sous un point de vue de moralité. Dans ses livres, il n'y a pas précisément ce qu'on peut appeler de la tristesse, mais il y a, en abondance, une certaine mélancolie, une douce langueur qui font bien pressentir le poète : jamais, dans aucun de ses romans, elle ne s'est oubliée à embellir, par le prestige du style et par l'abus du pathétique, quelqu'une de ces laides actions sur lesquelles trop de romanciers ont spéculé ; elle a su, tout au contraire, les flageller, tantôt avec une mordante ironie, tantôt avec cette calme et digne colère qui est le partage de la femme. Si, d'aventure, il s'est rencontré sous sa plume le récit de quelques tristes fautes qui appellent plutôt la pitié que le blâme, elle a su leur trouver de douces et consolantes larmes, tout en ne leur ménageant pas cependant, au besoin, la sévérité de ses conseils et de ses leçons.

A une époque où la plus grande partie de nos romans les plus immoraux sont sortis de la plume des femmes (c'est assez triste à avouer), parce qu'elles y ont abordé des questions sociales insolubles, et qu'elles les ont envisagées avec un esprit de passion outré, nous devons dire à la louange de Mme Sophie Gay qu'elle a su se garantir de cette maladie générale, en se tenant à l'écart, et en persévérant dans la bonne route avec une honnêteté parfaite; ce n'est pas un des moindres éloges qu'on lui doive accorder.

Elle est souvent descendue de sa *sphère historique*; elle a oublié parfois ses travaux de longue haleine, pour semer de ci, de là, quelques charmantes causeries dans les journaux, des lettres pleines d'esprit et de grâce ; enfin elle a pensé à tout le monde, et négligé parfois ses grands lecteurs pour donner d'excellents conseils à la jeunesse, et écrire pour elle quelques bons livres.

Au théâtre, elle a obtenu de légitimes succès ; plusieurs pièces ont été signées de son nom, entre autres le *Maître de Chapelle*, dont tout le monde a applaudi à la fois et les paroles et la musique, qui est restée comme un des chefs-d'œuvre de cet excellent Paër, qui en a tant fait ; plus récemment le *Chevalier de Canolle* et le *Luthier de Vienne*.

Mme Sophie Gay, qui a écrit l'histoire des *Salons célèbres*, n'a pu écrire l'histoire du sien, et au dire de bien des gens, ce n'eût pas été le moins intéressant. Femme d'un receveur général de l'empire qui a possédé une grande fortune, sa maison était le rendez-vous d'une foule d'hommes distingués dans les arts et dans les lettres ; son esprit, sa réputation, et aussi les grâces et la beauté de ses deux filles, dont l'une devait plus tard user si glorieusement de cet héritage d'intelligence, étaient de puissants attraits qui faisaient briguer comme un grand honneur l'entrée de son salon, qui a conservé encore aujourd'hui son ancienne physionomie; il est du très petit nombre de ceux qui ont dans Paris un vernis littéraire. Nos grands poètes, nos artistes en renom l'encombrent; rarement, dit-on, y apparaissent de ces visages trouble-fête de gens de finance ou d'industriels. C'est un véritable cénacle.

Nous n'avons pu vous dire que peu de mots de Mme Sophie Gay. Vous nous excuserez, chers lecteurs, à cause de nos trente-deux pages, que nous serons obligés d'outrepasser pourtant cette fois; et Mme Sophie Gay elle-même nous excusera de ne lui avoir point consacré un article entier; mais nous n'avons pas voulu la séparer de sa fille.

En faisant ainsi précéder la biographie de Mme de Girardin de ces quelques lignes sur sa mère, nous avons espéré faire bien comprendre comme devait être naturelle sa vocation littéraire, elle qui était née au milieu des lettres, dont l'enfance avait été bercée dans la poésie, et que sa mère avait si souvent endormie sur ses genoux au bruit de quelques mélodies; elle enfin dont la jeunesse s'était frottée à tant d'illustrations !

Mlle Delphine Gay est née à Aix-la-Chapelle, où son père était receveur général, comme nous l'avons dit. Quant à la date de cette naissance, chers lecteurs, ne nous la demandez pas; nous ne la savons pas, et n'avons pas voulu la savoir. Dites-nous, si vous avez jamais cherché à connaître cet impénétrable mystère : *l'âge d'une femme*; surtout lorsque cette femme jolie, spirituelle, pourrait vous donner cent défis avant que vous trouvassiez le mot de l'énigme ? Et puis, au bout du compte, qu'est-ce que cela vous fait ? Poursuivons donc.

Bon nombre de vers, et de vers charmants nous vous prions de croire, étaient éclos dans sa jeune âme, entre ses leçons et ses jeux, au milieu des ébats de l'enfance, et qui avaient pris leur volée dans tous les salons de Paris, rendant déjà célèbre le nom de Mlle Delphine, avant même qu'elle sût ce que c'était que la célébrité, surtout ce qu'elle valait, lorsqu'à l'âge de dix-sept ans, elle composa le poème des *Sœurs de Sainte-Cécile*, qui fut envoyé à l'Académie. La belle et jeune concurrente fut mise hors de concours, sous prétexte que le sujet du poème n'avait pas été traité complètement. Néanmoins, il obtint une mention honorable et valut un beau triomphe à son auteur : M. Alexandre Duval le lut en séance académique, et il fut plus applaudi que celui même du lauréat.

M. de Châteaubriand, le père de toute la littérature contemporaine, et le parrain de quelques uns de nos poètes en particulier; baptisait, en ce temps-là Mlle Delphine Gay la *dixième Muse*, comme il avait baptisé Hugo *l'enfant sublime.*

La gloire, qui se fait appeler plutôt qu'elle

ne vient, qui va où on lui ordonne plutôt qu'elle ne choisit, qui obéit à l'impulsion et non à l'inspiration ; la gloire, disons-nous, poussée par une main à laquelle elle devait être habituée d'obéir, abattit son aile sur le front de la jeune muse et l'entoura d'une auréole. En termes plus clairs, le patronage de M. de Châteaubriand étaya la réputation de Mlle Delphine Gay.

Le talent de notre jeune poète était animé surtout par un sentiment éminemment national ; et Mlle Delphine Gay se jeta dans une ligne de poésie toute politique. Elle s'inspirait de tous les événements qui attristaient ou réjouissaient la France. La muse de Béranger et la muse de Casimir Delavigne avaient de puissants échos alors ; mais nous devons avouer franchement que nous n'avons pas de sympathies bien sincères pour ce genre de poésie ; dans un article publié, il y a quelque temps déjà, l'un de nous exprima en termes un peu exagérés, il est vrai, son aversion pour la poésie dite nationale, qu'il appelait poésie *pamphlétaire*; il s'agissait des chansons de Béranger et des *Messéniennes* de M. Casimir Delavigne, qu'il considérait comme des œuvres de parti, des attaques continuelles dirigées contre un pouvoir; il les accusait de s'être moins inspirés de toutes nos gloires et de tous nos malheurs, que d'avoir un peu spéculé sur l'opinion des masses, et il appelait cela faire de la poésie *fausse*, de la poésie *éphémère*, qui n'avait de durée qu'autant que telle ou telle opinion avait cours dans le peuple. Il leur opposait alors des poètes qui, selon lui, avaient des chances de durée éternelle, parce qu'ils avaient puisé leurs inspirations à des sources plus pures, parce qu'ils avaient chanté le cœur et toutes les passions humaines. Il suffit, disait-il, de revoir de pareilles poésies quelques années après pour reconnaître la vérité de ce que j'avance. Déjà les chansons de Béranger ont besoin de commentaires; or les commentaires sont incompatibles avec la poésie. Déjà la plupart des messéniennes de

Casimir Delavigne sont mises au niveau de certains discours libéraux prononcés alors au milieu du plus bruyant enthousiasme ; ils sont oubliés, on en fait de nouveaux, d'aussi beaux peut-être, selon le besoin du moment, plus tard le même sort les attend.

Dans ces quelques lignes rappelées, nous prions qu'on ne voie pas la condamnation immédiate des poésies nationales de Mme de Girardin. Nous laissons à Béranger et à Casimir Delavigne toute la valeur de leurs talents ; nous n'entendons pas refuser non plus à Mme de Girardin ce qui lui doit revenir de sa part d'éloges ; mais nous n'en persistons pas moins à croire qu'il y a dans ce genre de poésie, en général, un vice capital qui la ronge au cœur et ne laisse plus bientôt trace de vie.

Une distinction à établir cependant en faveur de Mme de Girardin, c'est qu'elle avait su garantir sa muse du souffle impur de l'esprit de parti ; elle avait donné à son vol un plus vaste champ à parcourir. Elle avait fui à tire d'ailes le terre à terre des mesquines passions politiques pour planer dans une atmosphère plus épurée, et après s'être détachée, ainsi que doit faire un vrai poète, de ce pesant fardeau des haines et des engoûments du jour, elle domina la France entière du haut de son aire, et jeta à profusion ses vers sur tous les partis indistinctement, louanges ou blâmes. Aussi croyons-nous que c'est alors seulement que l'écrivain reste au niveau de son rôle. Voilà pourquoi Casimir Delavigne est plus grand poète dans son ode sur *Jeanne d'Arc* que dans sa messénienne sur *Waterloo*. La même impartialité a régné dans tous les vers de Mlle Delphine Gay, quelle que soit leur date, quelles que soient les circonstances qui les aient inspirés. Le principal caractère de ses inspirations est donc un amour vrai de son pays, en dehors de toute espèce de querelles de parti. Nous insistons beaucoup là dessus, parce que c'est là la condition *sine quâ non* d'existence des poésies dites nationales. Et ce cri :

<blockquote>
Elle aura tous mes vœux, cette France adorée,
A chanter ses destins ma vie est consacrée,
</blockquote>

avait une signification vaste et généreuse dans la bouche du poète ; une signification vraie ; c'était un accent qui partait du cœur.

Il n'est peut-être pas sans intérêt de faire ressortir que la même ligne politique suivie par Mlle Delphine Gay alors, est encore celle qu'elle parcourt aujourd'hui ; elle a su, avec une grande adresse, louvoyer entre tous les partis, sans perdre de vue le *libéralisme* qui était sa terre de mouillage, prendre à chacun ce qu'il avait de bon, et colorer si bien tous ses emprunts d'une teinte de *nationalité*, que ses plus rudes adversaires politiques la saluaient avec enthousiasme : Lamartine était royaliste, Hugo royaliste, et ils avaient des pensions sur la cassette du roi ; Mlle Delphine Gay était une libérale forcenée, et pourtant elle eut aussi sa part de la générosité royale ;

nous verrons plus tard comment elle perdit sa pension. Vous nous demanderez sans doute ce que cela fait qu'un poète soit ou non politique ? Nous vous répondrons que cela est parfaitement indifférent ; mais nous vous dirons aussi que les poètes tiennent autant, et plus que qui que ce soit, à avoir un rôle politique ; ne donnez pas d'opinion à un poète, il vous en gardera plus rancune que si vous niez ses facultés intellectuelles ; enfin, quoi qu'il en soit, sachez pour votre gouverne, que Mme de Girardin, *politiquement* parlant, est en l'an de grâce 1840 ce que Mlle Delphine Gay était en 1820.

La mort du général Foy fut une des plus belles occasions de triomphe qu'elle rencontra dans sa carrière ; elle composa pour ce grand événement sa pièce de vers ; et on lut ceux-ci, qu'elle improvisa, sur la tombe de l'illustre orateur :

> Hier, quand de ses jours la source fut tarie,
> La France, en le voyant sur sa couche étendu,
> Implorait un accent de cette voix chérie.....

Hélas ! au cri plaintif jeté par la patrie,
C'est la première fois qu'il n'a pas répondu !

Le tour de la pensée était ingénieux ; on reporta sur le poète l'enthousiasme que l'orateur avait excité de son vivant ; c'est dire que le poète en eut une large part.

On récompensa du reste magnifiquement Mlle Delphine Gay de ce beau cri de douleur qu'elle avait poussé ; on ne voulut pas la séparer de celui qu'elle avait si bien chanté, elle est au nombre des personnages sculptés sur les bas-reliefs du monument funèbre du général Foy.

Sa muse était prête pour toutes les infortunes ; lors de la guerre des Grecs, elle composa une pièce de vers intitulée la *Quête*, dont la vente, au profit de ces malheureux, produisit plus de *quatre mille francs*. Personne n'avait certes fait une offrande aussi belle. Voilà comme souvent les plus pauvres humilient les plus opulents, tant il est vrai que les richesses du cœur sont les plus fécondes, et qu'elles produisent des trésors inépuisables.

En 1827, Mlle Delphine Gay fut élue membre de l'Académie du Tibre, à Rome. C'était là un glorieux suffrage que lui avaient mérité sa haute impartialité et ses constantes sympathies pour les misères de tous les pays.

Après la prise d'Alger, notre poète publia une pièce de vers sur cette importante victoire. Comme le nom du maréchal de Bourmont était inséparable de ce nouveau triomphe de nos armées, lorsqu'il arriva sous la plume de l'écrivain, le souvenir de l'ancienne trahison reprochée au comte de Bourmont souleva la bile du poète ; il reporta ses regards sur le passé, et ces trois stances tombèrent de sa plume :

O mystères du sort ! ô volonté suprême !
Un Français dans nos murs amena l'étranger ;
On l'appela « transfuge ! » et cet homme est le même
    Que Dieu choisit pour nous venger.

Faisant d'un nom maudit un souvenir qu'on aime,
La victoire lui jette un éclatant pardon,
Et du pur sang d'un fils le glorieux baptême
    Lave la tache de son nom.

A l'amour de nos rois sa valeur asservie
Voyait dans leur retour un gage de bonheur,
Et pour eux il fit plus que de donner sa vie :
　　Guerrier, il donna son honneur !

Ce dernier vers fut plus fatal au poète qu'au guerrier : nous avons dit que Mlle Delphine Gay avait une pension de 1,500 francs ; on la lui supprima à cause de ce vers.

La révolution éclata ; l'occasion était belle de se venger ; mais Mlle Gay se conduisit en vrai poète, c'est-à-dire que dans une pièce insérée au *Journal des Débats*, le 11 août 1830, elle pleura sur l'ancienne royauté déchue, et la plaignit dans ses malheurs. Mlle Delphine Gay brilla de nouveau de tout cet éclat d'impartialité qu'elle avait reçu comme un don ; elle jeta un regard sur le gouffre encore béant derrière elle, puis plongea dans l'avenir, salua la nouvelle France, et termina ainsi sa pièce :

Ma lyre devant toi s'incline avec respect ;
Son hommage n'est pas un hommage suspect.

De tout parti haineux, je brave la colère;
Chantre de vérité, je m'attends à déplaire.

Ne cherchons pas à voir s'il n'y avait pas là un peu du souvenir de sa disgrâce récente; et donnons tous nos éloges à cette pièce des *Serments*, qui était remarquable à plus d'un titre.

Comme œuvres poétiques, les compositions les plus importantes de Mme de Girardin, sont : *Madeleine*, ouvrage de longue étude, où se révèle dans toute son énergie et en même temps dans toute sa limpidité le talent du poète; et *Napoline*, qui parut en 1834. Ce dernier est un poème satirique rempli de vers plaisants et gracieux, harmonieux, ironiques et fins. La partie la plus remarquable n'est peut-être pas l'invention; mais, à coup sûr, ce défaut est bien racheté par les détails qui sont charmants, par la poésie qui est fraîche et pleine de mélancolie, par le goût, par la facture qui est pure et sainement élaborée. Vous rencontrez de tout dans ce petit poème; n'allez pas croire, surtout, que la politique n'y ait pas trouvé sa place ! Les rois, par exemple, y sont assez lestement traités... Nous ne voyons pas trop ce que Mme de Girardin leur laisse, puisque, dit-elle :

Notre amour est au peuple, et notre encens à Dieu.

probablement pas grand'chose. Cela nous est égal, au reste, et nous ne la contrarierons pas; tout ce que nous voulons savoir, c'est que son poème, à elle, est charmant, et que nous n'avons pas à nous occuper de rois, ni de peuple; Dieu merci !

Dans toute sa carrière poétique, Mme de Girardin n'a recueilli que suffrages et enthousiasme sur sa route; les sympathies de la France entière l'ont accueillie à chacune de ses haltes ; les persécutions du pouvoir ne lui ont pas failli, les hommages des poètes ne lui ont pas manqué, et entre autres celui de Lamartine, qui lui a adressé une belle *harmonie* en 1829, outre le glorieux baptême de Châteaubriand; en un mot, tout ce qui peut *faire* ou aider une réputation, elle l'a trouvé. Hâtons-nous de dire que Mme de Girardin avait mérité tout cela. Elle apparut sur l'horizon littéraire à une époque où l'on tenait, un peu plus qu'à la nôtre, à la conscience des travaux, et cette conscience ne l'abandonna pas, jusqu'à présent même, malgré la contagion si funeste.

Nous pouvons, sans crainte d'être contredits, assigner un rang honorable à Mme de Girardin dans la littérature actuelle ; et nous n'hésitons pas à la détacher complètement de la foule des femmes poètes qui nous ont envahis.

Jusqu'en 1831, époque à laquelle Mlle Delphine Gay épousa M. de Girardin, elle n'avait guère songé à la prose ; elle laissait flotter sa vie au gré de la poésie; insouciante d'ailleurs, rêveuse avant tout, faisant des vers comme elle chantait, en jouant, en causant, au milieu de toutes les distractions de son existence intérieure ; ne s'occupant seulement pas de trouver une plume pour les écrire, dit-on, et les dictant par centaines à sa mère, lorsque sa tête était trop pleine et qu'ils en débordaient tout naturellement.

Mais voici que tout à coup, après la révolution de 1830, sans doute craignant que sa voix se perdît au milieu du grondement du canon, elle brisa sa *plume* de poète (nous parlons au figuré) et tenta du roman; mais, par exemple, nous vous aurions donné en cent à deviner, si son premier essai en prose, le *Lorgnon*, eût paru sans signature, quelle main l'avait écrit. A coup sûr vous auriez accolé à cette mordante et spirituelle satire mille noms avant de songer que ce pouvait être l'auteur de tant de vers gracieux et mélancoliques, qui se fût abandonné à un tel éclat de rire!

On nous a assurés que Mme de Girardin elle-même était fort étonnée de cette subite et incroyable transformation, peut-être bien même avait-elle voulu écrire un livre très sérieux; nous tenons encore de quelqu'un de bien informé que Mme de Girardin affirme, malgré la meilleure volonté du monde, ne pouvoir rien écrire de grave et de sérieux en prose ; mais elle s'est réservé de racheter cela par un esprit prodigieux, par une moquerie fine et inépuisable ! Ce roman du *Lorgnon* était tout fantastique ; c'était une idée capricieuse que la grâce et l'élégance du style habillèrent de la façon la plus originale. Il y a dans ce livre une grande vérité d'observation, une parfaite connaissance de toutes nos misères de la vie, au fond de laquelle le héros, M. de Lorville, plonge avec une merveilleuse habileté, grâce à son fantastique lorgnon.

Puis vint après *Monsieur le marquis de Pontanges*, autre roman railleur qui continuait, on ne peut mieux, son aîné. S'il fallait cependant se prononcer sur le mérite respectif des deux ouvrages, nous donnerions la préférence au *Lorgnon*.

Entre ces deux ouvrages, avait paru la *Canne de M. de Balzac*, autre féerie qui obtint un prodigieux succès.

Nous vous renvoyons pour cela à notre

article sur l'auteur d'*Eugénie Grandet*; nous y avons longuement parlé de cette canne fantastique qui a tant fait gloser le public parisien : que dis-je le public parisien? la France entière! Il paraît que M. de Balzac n'avait confié qu'à Mme de Girardin le secret de cette canne (un secret qui lui avait coûté trois mille francs!), et de là vous comprenez tout ce qui a pu sortir! Que de révélations! Que de mystères enfin trouvés!

Mme de Girardin se montra sensible à cette marque de confiance, et, par reconnaissance, elle entreprit d'écrire cette burlesque odyssée intitulée la *Canne de M. de Balzac*. C'est d'ailleurs un livre très piquant et pétillant d'esprit.

Nous allons arriver maintenant à une œuvre importante, et qui a soulevé contre Mme de Girardin bien des haines et bien des colères, nous voulons parler de son *École des Journalistes*, pièce reçue au Théâtre-Français, puis défendue par la censure, et enfin lue solennellement dans son salon, devant une assemblée composée de tous les journalistes de Paris (qui riaient du bout des lèvres), et qui ont passé là la plus infernale soirée qu'ils aient jamais passée.

A ce propos, pour ne rien oublier, nous vous dirons que Mme de Girardin a révélé ce soir-là un beau talent de comédienne, un talent qui ferait honneur à notre première scène, selon le dire de plus d'un critique compétent.

C'était certainement un acte de grand courage dont Mme de Girardin faisait preuve, en abordant un sujet aussi scabreux, en critiquant de la manière la plus mordante, en flagellant jusqu'au sang une classe de la société dont elle-même faisait partie. L'enjeu était grave, et nous la féliciterons d'avoir osé tenir les cartes. Elle devait s'attendre à une grande bataille soulevée dans la presse; et dans laquelle elle n'aurait guère de partisans : au lieu de tenir tête à l'orage lorsqu'il éclata; elle lui tourna le dos et se sauva par un mot spirituel qui allait à l'adresse de

J. Janin, le plus acharné, mais aussi le plus loyal champion qu'elle rencontra dans cette grande mêlée. J. Janin, le lendemain, lui répondit dans l'*Artiste* une longue lettre pleine de dignité et de sens, mais un peu en dehors de la question; il ne voulait pas qu'on attaquât le journalisme : « *Janin est comme ces enfants qui crient quand on les débarbouille,* » répondit Mme de Girardin, en lisant sa lettre.

Le mot obtint un prodigieux succès. Il pouvait au besoin servir de commentaire à cette comédie qui arrivait comme pendant au roman de M. de Balzac, le *Grand Homme de Province*; on accusa même Mme de Girardin de s'être inspirée de l'œuvre du romancier, et il y eut recrudescence d'attaques contre le pauvre Balzac, sur qui l'on rejeta tout le crime, si crime il y avait; mais on n'absout pas pour cela le poète, qui recueillit une magnifique moisson d'injures et de quolibets! Un seul homme dans le journalisme osa prendre sa défense alors, ce fut Granier de Cassagnac, qui le fit avec ce courage, cette vigueur de style et cette hauteur de pensées qui lui sont familiers; nous en appelons à ses deux articles insérés dans la *Presse*.

On s'est moins attaché généralement, dans les attaques dirigées contre l'*Ecole des Journalistes*, à y chercher une œuvre bonne ou médiocre, qu'à y voir une mauvaise action. L'ouvrage n'a donc pas été jugé. Ce n'est pas nous qui aurons la prétention, dans un si petit espace, de le faire convenablement; mais comme nous devons dire notre opinion, si brève qu'elle soit, nous avouerons que, sous le point de vue littéraire et poétique, cette comédie est inférieure à quelques unes des meilleures productions de l'auteur; à la vérité, il se trouvait là sur un terrain inaccoutumé, aux prises avec de terribles exigences théâtrales nouvelles pour lui; aussi croyons-nous fermement que les bons passages qui s'y rencontrent fréquemment, que nombre de beaux vers incontestables, quelques traits satiriques, acerbes et spirituellement frappés, n'eussent pas sauvé cette pièce d'une chute à peu près certaine au théâtre. Le succès et le retentissement qu'elle a obtenus par la lecture doivent consoler Mme de Girardin de la sévérité de la censure. Maintenant, prise sous le point de vue moral, nous approuvons cette comédie de toutes nos forces, dût la haine des journalistes tomber sur nous! Nous nous expliquerons cependant : certes ce n'est pas que nous ne tenions en grande vénération les hommes vraiment dignes de cette belle profession ; mais on conviendra que trop de gens sans foi ni honneur, et qui plus est sans talent, se glissent au milieu d'eux. M. Janin, qui se fait le chevalier du journalisme, sait aussi bien que nous combien de ces misérables, dont nous voulons parler, vivent et s'enrichissent, les uns aux dépens des théâtres qu'ils rançonnent la critique sous la gorge, les autres aux dépens des marchands auxquels ils font acheter chèrement de fades éloges distribués à tant la ligne, et qu'ils dénigrent lâchement jusqu'au moment où ces honnêtes peureux délient enfin les cordons de la bourse. M. Janin sait mille traits comme celui que nous allons lui rapporter: L'un de nous, celui qui écrit ces lignes, quitta la rédaction d'un journal, parce que chargé d'y rendre compte d'un livre de M. Villemain, il reçut ordre d'*abîmer* l'écrivain (c'est le terme), sous prétexte que l'éditeur avait refusé deux exemplaires de l'ouvrage. Pour vous, M. Janin, ces hommes-là ne sont pas des journalistes, pour nous non plus ; mais partout n'usurpent-ils pas ce titre : dans le monde, au théâtre, près des marchands ces ignobles spéculateurs ne se donnent-ils pas pour tels ? et ne jettent-ils pas une défaveur honteuse sur la *partie bonne* des journalistes ? Doit-on les laisser impunément étaler au soleil leurs infamies ? Ce n'est pas à vous que s'adressait la leçon, vous saviez bien à qui elle allait; il ne fallait pas l'arrêter en chemin. Nous dirons donc à madame de Girardin qu'elle a bien fait d'écrire cette comédie, qui est digne de son grand esprit. Pour ne rien oublier du bagage littéraire de l'auteur, citons ses *Contes d'une vieille fille à ses neveux;* et assistez avec nous à une féérique transfiguration : au lieu de madame de Girardin, permettez-nous, messieurs, de vous présenter M. le vicomte Charles de Launay; cachez un peu, je vous prie, madame, ces beaux cheveux blonds cendrés qui bouclent un peu trop pour un homme, grossissez un peu plus la voix.... cela fait, vous avez, messieurs, devant vous le plus aimable et le plus élégant vicomte qui soit dans Paris ; bien botté, bien ganté, aux façons distinguées ; ce jeune vicomte, tous les samedis, nous écrit dans la *Presse* les plus délicieux feuilletons que vous puissiez lire sous le titre de *Courrier de Paris,* dont il a inventé la spécialité. Dans quels salons êtes-vous allé cette semaine, M. le vicomte? Dites-nous ce que vous y avez vu, quelles personnes vous y avez rencontrées? Contez-nous tous les petits cancans qui s'y sont débités? Ou bien encore, donnez donc, comme vous le faites souvent, quelques leçons de bonne tenue et de beau langage à tous ces faux dandys dont vous vous moquez si spirituellement; apprenez-leur comment on se tient dans le grand monde; expliquez-nous les petits secrets de conversation qui font distinguer une duchesse d'avec une banquière, celle-ci d'avec une grisette déguisée en belle dame! — M. le vicomte, nous vous en prions, cravachez donc un peu tous ces fats ridicules qui envahissent les salons, dites-leur donc qu'ils sont insipides, insignifiants, et qu'ils retournent d'où ils sont venus! Vengez donc galamment les femmes qui veillent, travaillent et meurent pour leurs maris pendant que ces messieurs jouent au billard ou courent les mauvais lieux! — Vous qui causez si bien, qui écrivez si bien, qui faites de si jolis cancans; causez, écrivez et faites-nous longtemps des cancans comme cela! — Mais il est une chose que vous oubliez, c'est de dire à tous vos imitateurs qu'ils ne nous assomment pas avec leurs pitoyables *Courriers de la Ville*, *Revue de Paris* etc., qu'ils n'ont pas tant d'esprit que vous, qu'ils sont fort ennuyeux : dites-le-leur donc, dans votre plus prochain *Courrier*, s'il vous plaît.

Ce fut en 1835, lors de la fondation de la *Presse* par M. Emile de Girardin, que le vicomte de Launay vint au monde, et avec lui amena ce délicieux feuilleton qui est tantôt un élégant badinage, tantôt une mordante satire, tantôt une étude de mœurs, tantôt une gracieuse folie, souvent un chef-d'œuvre; ce fut une bonne fortune pour le journal.

Maintenant, le nom de M. Emile de Girardin arrive tout naturellement sous notre plume. S'il nous fallait ajouter foi à tous *les on dit* qu'on nous a soufflés à l'oreille, s'il fallait croire toutes les notes que nous avons sous les yeux, nous pourrions écrire un fameux réquisitoire contre ce publiciste, car il n'est peut-être pas un homme qui ait été plus accusé que M. de Girardin ! — Nous pourrions, à la rigueur, laisser de côté tous ces bruits injurieux et exagérés qui pleuvent sur lui, toutes les calomnies dont on l'accable (ce n'est pas notre affaire), et ne nous occuper que de l'écrivain ; mais nous avons eu à cœur, toutefois, de plonger l'œil à travers ce voile épais et d'arriver à savoir la vérité.

Règle générale : nous ne croyons jamais que le *quart* de tout ce qu'on peut nous dire de mal sur qui que ce soit, parce que le mal ne coûte pas à dire, et toujours trois fois plus de *bien* qu'on ne nous en dit, parce qu'il coûte toujours de dire du bien. — Sur ce *quart*, nous voulions encore nous éclairer : nous avons trouvé d'abord une chose bien simple, c'est que M. de Girardin est lié avec trop de gens honorables et probes, comme M. de Lamartine, comme M. Hugo, comme M. Molé, et d'autres que nous pourrions citer, qui tous tiennent à leur réputation, pour que si l'*infamie* pesait sur sa tête, ces hommes ne fussent pas assez jaloux de leur renommée pour ne pas le fuir. Nous tenons ensuite de source certaine des détails circonstanciés sur le caractère et la manière d'être de M. Girardin, qui sont de nature à expliquer bien de ses actes; ainsi, par exemple, on nous a dit qu'il est d'un esprit excessivement liant, d'une affabilité si grande qu'elle est peu défiante, qu'il accueille avec une égale cordialité tout nouveau venu, sans trop s'inquiéter de ce qu'il peut être. D'honnêtes gens se sont présentés à lui, et aussi des fripons qui, connaissant son humeur entreprenante, son amour pour les spéculations l'ont entraîné dans une multitude d'affaires où il s'est jeté avec une bonne foi sincère. S'il a un tort, un tort grave, à la vérité ; c'est sans doute celui de ne pas s'en être retiré à temps; mais qui dit qu'il n'a pas lutté de tous ses efforts pour ramener les choses à bien ? Jamais, en tout cas, la justice n'a pu sévir contre M. de Girardin, malgré les accusations ! Et ces accusations étaient certes bien perfides ! Voulez-vous savoir la cause première de toute cette haine qui pèse sur M. de Girardin? C'est la mort de Carrel ! Mais, en conscience, où est la justice ? M. de Girardin s'est battu loyalement, il a défendu sa vie, il l'a défendue chèrement ; Carrel a succombé, mais son adversaire a payé d'une blessure cet affreux bonheur. On ne lui pardonne pas cela ! Ce n'est pas raisonnable. Jusqu'à ce qu'on nous ait prouvé, et bien prouvé la *malhonnêteté* de M. de Girardin, nous persisterons à douter, et en attendant nous le tenons pour un homme probe et loyal. Jusqu'au sein de la Chambre, on a poursuivi l'ancien député de Bourganeuf ; après avoir siégé *légalement*, réélu à une grande majorité, ses collégues lui ont refusé l'entrée ; et pourquoi ? puisqu'il avait franchi ce seuil légitimement, quelques années auparavant. Sa femme le vengea noblement de cet affront dans une pièce insérée à la *Presse*; et il n'était pas douteux qu'il s'agissait de lui dans ces vers mis dans la bouche d'un des personnages de l'*École des Journalistes*.

> Je sais ce qui m'attend, et je connais leur rage :
> Pour moi plus de repos, pour moi plus de bonheur ;
> Je leur offre ma vie, ils prendront mon honneur.

Ils iront, poursuivant ma jeunesse flétrie,
Jusqu'à me disputer le ciel de la patrie.

En effet, l'exclusion de M. Girardin fut motivée sur ce qu'au lieu de présenter un acte de naissance, il ne pouvait offrir qu'un acte de *notoriété publique*. — Il ne fut pas reconnu *Français*.

Quoi qu'il en soit, M. de Girardin reprit sa plume le lendemain, et quelques uns ont payé cher cet outrage qui lui fut fait.

La *Presse*, dont il a été le fondateur, le gérant, le propriétaire, le rédacteur en chef, fut le premier théâtre sur lequel le publiciste se révéla. Il y fit preuve, dès son début, et toujours depuis, d'un grand courage soutenu d'une excessive audace. Sa polémique est acerbe, vive, entraînante; sa logique serrée, concise; c'est, dans le genre opposé, un peu la manière de Carrel.

Il envisage la politique sous un jour peu commun; s'attachant plutôt au développement des grandes questions, qu'à la discussion des minimes intérêts. Sa verve s'émousse dans les temps de calme, pour se relever plus vigoureuse sitôt que la mêlée recommence. Adversaire redoutable de la démocratie, il a été toujours le défenseur des priviléges de la royauté. M. de Girardin est, dit-on, fort bien vu à la cour, où l'on professe une grande estime pour son talent; il y a été souvent mandé au milieu des plus fortes crises ministérielles.

Comme écrivain, personne ne songera à contester ses qualités éminentes. Son style est pur, net, élégant, même au milieu de ces sortes d'improvisations nécessitées par la politique quotidienne des journaux. Il a une grande limpidité de pensée, sa discussion est toujours dégagée des entraves de la polémique étroite; un peu trop de personnalités s'y trouvent peut-être ; mais il fait la guerre aux hommes, comme on la fait partout, plutôt qu'aux choses; en cela, il *riposte*, pour ainsi dire, plutôt qu'il n'attaque. Ce n'est pas le lieu de nous occuper de politique. Passons.

Avant de se livrer au journalisme, il avait essayé du roman, et son livre d'*Émile*, publié il y a quelques années, puis réimprimé tout récemment, obtint un immense succès. Cet ouvrage, écrit sous l'impression de sentiments vrais, comme il le dit lui-même, renferme des passages d'une haute éloquence. C'est l'histoire d'un enfant naturel poursuivi par la société, et acculé contre la réalité, au moment où tous ses rêves de bonheur, où toutes ses illusions allaient s'épanouir

Plus tard, lorsque la politique l'eût envahi, il tourna vers elle toutes ses pensées et lui sacrifia ce talent qui pouvait le mener à une plus grande popularité, en faisant de lui peut-être un écrivain à la mode, en tout cas, un romancier hors ligne.

M. de Girardin vient de publier, sous forme de livres, une série d'articles insérés dans la *Presse*, sur les travaux publics, sur l'armée et sur l'instruction en France.

En résumé, mettant de côté toutes les accusations dirigées contre l'homme, accusations auxquelles nous déclarons ne pas ajouter foi, il nous reste en M. de Girardin, un publiciste distingué, un écrivain remarquable. Comme homme politique, ses capacités ont été reconnues, et je ne sais plus qui a dit : « qu'en lui, il y avait l'étoffe de trois hommes d'état. » — Je crois que le mot vient de *très haut.*

M. de Girardin est un grand travailleur; en ce moment, il fait, à lui seul, dit-on, toute la politique de la *Presse* (y compris les *ciseaux*), lit attentivement tous les feuilletons qui lui sont communiqués. S'il faut pourtant croire encore certains bruits, on nous a assurés que madame de Girardin lui était d'un grand secours, et que plus d'un *Premier-Paris* remarquable était dû à sa plume.

La position politique de M. de Girardin est assez unique; ferme soutien du parti *conservateur*, qu'il défend à outrance depuis son origine, dévoué à M. le comte Molé le chef de cette politique, isolé dans la presse, il tient tête à tous les orages qui grondent autour de lui avec une fermeté peu commune; attaqué de toutes parts, chaque matin il répond vigoureusement; haï de tous les journaux, il ne fait pas grâce à ses ennemis : sa vie s'use à cela.

M. de Girardin est frêle, de taille moyenne, de tournure élégante. Sa physionomie est distinguée, spirituelle, modeste, même timide, en dépit des airs de tête qu'il se donne. Sa parole est facile, sa conversation agréable et choisie; nous nous étonnons qu'à la Chambre il n'ait pas été plus orateur.

Nous voilà au bout de notre tâche ; nous avons essayé de concilier les exigences de cette biographie, conformément aux trois personnages dont nous devions nous occuper. Madame Émile de Girardin nous pardonnera de lui avoir ravi quelques lignes pour les sacrifier à sa mère et à son mari; mais nous ne pouvions nous dispenser de le faire.

M. le vicomte de Launay a annoncé dans un de ses feuilletons une nouvelle pièce de madame de Girardin, l'*École des Députés* ; tant mieux : bonne moisson de ridicules !

AUBER.

ÉCRIVAINS ET ARTISTES VIVANTS,

FRANÇAIS ET ÉTRANGERS.

—

COMPOSITEURS.

—

AUBER.

> Oui, je le crois quand je t'écoute,
> L'harmonie est l'âme des cieux.
> . . . .
> Notre oreille enchaînée au son qui la captive
> Voudrait éterniser la note fugitive,
> Et l'âme palpitante, asservie à tes chants,
> . . . .
> T'obéit, comme la poussière
> Obéit dans l'orage aux caprices des vents.
>
> LAMARTINE.

Vous appelez vous autres *vocation* une puissance irrésistible, un souffle invisible, une tempête mystérieuse cachée au fond de l'âme, et qui, se levant un beau jour dans toute sa force, vous pousse vers un point que le bon génie qui a présidé à votre naissance a marqué comme le port de votre existence! Et vous croyez qu'on y va irrésistiblement, emporté comme la feuille par le vent, et que ni vos cris, ni vos efforts ne feraient lâcher prise à cet impitoyable, à ce redoutable maître. Et vous vous persuadez, dans votre candeur, que ceux-là qui lui sont soumis sont seuls capables de marcher à la gloire! Si quelqu'un, conduit par le hasard, entraîné par une volonté étrangère, tombait sur la route d'une carrière où sa *vocation* ne l'appelait point; vous plaindriez ce malheureux, vous le traiteriez de fou; vous lui diriez : « Mais sauve-toi donc, insensé! Tu ne trouveras point là la pature qu'il te faut: tu végéteras, tu mourras de faim, sauve-toi donc au plus vite. »

Nous avions cru fermement comme vous qu'il n'y avait rien de moins vague qu'une *vocation*; que l'artiste surtout y obéissait aveuglément, que sans vocation il n'y avait point d'artiste; il paraît que nous nous sommes tous trompés, et pour preuve écoutez ceci :

Il y a quelque vingt ans de cela, florissait à Paris un honnête et riche négociant qui s'occupait d'affaires, un peu par distraction, et était passionné pour les beaux arts, surtout pour la musique. Cet homme qui se nommait M. Auber avait un enfant baptisé des prénoms de *Denis-Esprit Ferdinand*. Ce fils, au rebours de son père, avait un goût marqué pour le commerce et ne s'occupait que par passetemps de dessin et de musique; bien que dans ce dernier art, il fût cependant d'une belle force et jouât passablement de trois instruments : de la basse, du violon et du piano. Les nombreux succès de salon qu'il obtenait n'avaient pas encore pu le décider à prendre au sérieux sa véritable *vocation*. Il y trouvait un assez doux délassement; mais quittait volontiers ses partitions les plus aimées pour feuilleter *le grand-livre*, ou mettre au net les brouillons de caisse.

Tout cela n'était guère du goût du père,

qui s'entêtait à voir dans son fils autre chose qu'un obscur commerçant. Pauvre père, si vous viviez à cette heure, quelle joie serait la vôtre! Quel orgueil! comme vous marcheriez la tête haute! après avoir ouï quelque chose comme la *Muette* ou le *Domino Noir*.

Quoi qu'il en soit, le jeune Ferdinand, qui devait un jour se mettre à la tête de la maison paternelle, fut envoyé en Angleterre pour y étudier les affaires en grand. Il avait alors dix-huit ans. N'ayez pas peur, M. Auber surveilla avec soin l'emballage des instruments et de la musique, et grandes recommandations furent faites au jeune voyageur de ne point négliger son art. C'est quelque chose de rare et de surprenant, que cet acharnement d'un père à pousser son fils dans une voie d'où les parents, d'habitude, arrachent leurs enfants comme du bord d'un précipice! M. Auber s'inquiétait autant et plus des progrès que le jeune homme pouvait faire en musique, que de ses succès dans le commerce. Il s'informait plus souvent du morceau qu'il jouait, qu'il ne lui demandait compte de ses visites dans telle ou telle manufacture.

Il est bon de dire que Ferdinand n'était pas cependant si antipathique à la musique qu'il ne s'en occupât assez activement. Pressé même par ses amis, il s'était laissé aller à composer quelques quatuors, qui furent exécutés en petit comité. Ils produisirent tant d'effet sur l'auditoire qu'on engagea Auber à les publier. Oh ! pour le coup, messieurs, c'est trop; que demandez-vous là? quel pas à franchir! N'avez-vous donc pas vu comme hier encore il tremblait à cette seule idée que c'était de la musique de lui, de la musique écrite, composée par lui que vous alliez entendre, et vous voudriez qu'il la livrât au public? Auber recula épouvanté devant une pareille proposition; tout son corps en frissonna. — Il avait donc bien peur? — Mais oui. — Il était donc bien modeste? — Mais oui, et comme bien peu de gens le sont; surtout ces étourdis, ces fats de débutants qui ont la prétention de bouleverser le monde entier avec une note, un vers, un croquis. — Mais, nous direz-vous, aujourd'hui que tant de chefs-d'œuvre sont éclos de la tête d'Auber, cette modestie a dû s'effacer peu à peu pour faire place à un orgueil outré, à une morgue insolente ; enfin, quand on a fait la *Muette*, la *Neige*, le *Domino Noir*, on a le droit..... — Oui on a le droit, certes ; mais on ne le prend pas ; et lorsqu'on est homme d'esprit et de sens comme Auber, on reste modeste comme devant. Cela est rare, en effet ; mais cela est ainsi, que voulez-vous ; dans les arts, comme partout, il y a des exceptions.

Revenons à nos quatuors : le jeune compositeur, malgré ses répugnances ne put échapper aux poursuites de ses amis, il leur céda, mais trouva encore une porte de sortie ; il publia ses œuvres sous le pseudonyme de *Lamarre*. Ce fut là le début musical d'Auber ; ils portaient déjà, à part l'inexpérience d'un commençant, les premiers germes de cette douce et savante mélodie qui plus tard devait immortaliser leur auteur. Ces premiers morceaux sont rares aujourd'hui. Bienheureux ceux qui en possèdent quelques exemplaires.

Vous devez comprendre si son père fut enchanté de ce coup d'essai ; aussi lorsqu'après avoir passé deux ans à Londres, Auber revint à Paris parfaitement au courant des affaires et possédant à fond le code du parfait négociant, il fut *forcé* par son père de composer la partition d'un petit opéra intitulé : la *Bergère châtelaine*. Le succès de cette pièce fut complet. On fit de nouvelles instances auprès du jeune musicien, et ce fut pour ainsi dire par violence qu'on le décida à écrire le *Séjour Militaire*, et *Testament et billet doux*.

Dès ses premiers pas, Auber s'était distingué par un sentiment parfait de la mélodie, il possédait le chant, cette inspiration du musicien ; ses œuvres étaient frappées au coin de l'originalité. Son talent avait marché prodigieusement depuis ses quatuors ; on reconnaissait en lui une main plus ferme, plus assurée. La partie instrumentale avait gagné, elle était plus nourrie, plus solide.

Mais vint l'année 1820, année fatale pour lui. Son père mourut, après avoir perdu sa fortune dans des spéculations malheureuses; il laissait pour tout héritage à son fils un ou deux mille francs. Il s'agissait maintenant de gagner son pain de chaque jour; Auber, direz-vous, n'avait qu'à marcher dans la route qu'il s'était si glorieusement ouverte ; le théâtre était là, son talent l'y appelait naturellement, ses premiers succès lui commandaient de poursuivre. Croiriez-vous qu'il n'y songea pas? et qu'appelant à lui toutes ses connaissances commerciales, il alla de boutique en boutique, de magasin en magasin, quêtant une modeste place de commis, la plus modeste qu'on eût pu lui donner. — Mon ami, lui répondirent quelques uns, pour qui le nom d'Auber n'était pas nouveau, vous seriez un très mauvais commis; où en seraient nos livres, grand Dieu! qui pourrait y *déchiffrer* quelque chose, à la place d'un O vous nous mettriez une *ronde*, au lieu de 7 vous écririez des *soupirs*, nous ne voulons pas de vous.

C'étaient les plus savants ceux-là.

D'autres l'éconduisirent avec quelques ménagements, lui donnant de vagues espérances pour l'avenir.

C'étaient les plus polis.

D'autres lui tournèrent le dos tout bonnement.

C'étaient les plus grossiers.

Oh! merci, Messieurs, grand merci! de n'avoir pas eu pitié de la misère de ce pauvre enfant! Merci, pour la dureté que votre cœur a montrée à ses larmes! Ce n'est certes pas votre intelligence qui vous a guidés en cela, n'importe! vous l'avez sauvé sans le savoir : vous l'avez sauvé en voulant le laisser mourir de faim. Mille fois merci de votre insensibilité! Où serait Auber aujourd'hui? probablement dans un comptoir de la rue Saint-Denis, jugez!

Mais comme la faim et la pauvreté le talonnaient, il s'agit de prendre un parti, force lui fut de recourir à la musique. Tout est bizarre dans ses décisions; au lieu de continuer ses succès au théâtre, il se fit maître de piano.

Mais les amis sont bons à quelque chose; ceux d'Auber, qui ne partageaient pas, comme lui, ses craintes immodérées et la défiance qu'il avait de son talent ; ses amis, disons-nous, ne lui laissèrent pas de repos qu'il ne se décidât à entreprendre la composition. Il hésita longtemps encore; mais on lui répéta si souvent que sa fortune était là et non pas ailleurs, qu'il finit par le croire, et il obéit à cette nouvelle impulsion. Il n'ajouta foi cependant qu'à moitié à toutes les merveilles qu'on lui disait de son talent, et pour preuve, il alla demander des conseils et des leçons à Cherubini; et peu de temps après on joua à l'Opéra-Comique la pièce d'*Emma*, dont on n'a point oublié encore l'immense succès. Auber commençait un peu à voir que ses amis avaient raison ; mais il ne se laissa pourtant point éblouir par ce premier triomphe, et longtemps encore il continua à puiser près de Cherubini les secrets de la science. Auber possédait déjà, comme nous l'avons dit, au suprême degré le don du chant et de la mélodie; mais il apprit l'art plus difficile d'y joindre la science de l'instrumentation. Aujourd'hui, dans chacun de ses ouvrages, et particulièrement dans un des plus récents, le *Domino Noir*, on peut voir avec quelle merveilleuse habileté il manie l'orchestre ; ses accompagnements rivalisent de grace, de pureté, de finesse avec ses chants.

Après *Emma* vint *Leicester*, puis la *Neige*, qu'on vient de reprendre ces jours derniers et qui n'a rien perdu de sa *fraîcheur*, puis le *Timide*, *Léocadie*, le *Maçon* et *Fiorella*. Chaque nouvelle partition était le sujet d'un nouveau triomphe. Nous noterons, en passant, quelque chose de bien extraordinaire et qui n'a guère d'exemple, nous croyons ; c'est que Auber, dans tout le cours d'une carrière si féconde et si bien nourrie, n'essuya pas une *chute*, et que c'est à peine s'il peut compter quelque demi-succès ; entre autres pour le *Serment* et pour le *Lac des Fées*.

Néanmoins la gloire, cette grande coquette, dut être bien étonnée, elle qui voit chaque jour à sa suite tant de courtisans, tant d'adulateurs mendiant un regard d'elle, baisant le pan de sa robe dorée, se traînant sur la trace de ses pieds (et Dieu sait comme elle les traite, la cruelle!); elle dut être bien étonnée, disons-nous, de se sentir entraînée irrésistiblement vers un homme qui la fuyait sans cesse; de lui faire la cour à son tour, pour qu'il lui ouvrît les portes de son logis: absolument comme ces divinités terrestres insensibles à l'amour, qui se rient sans pitié du martyre de vingt adorateurs qu'elles ont attirés dans les piéges de leurs beaux yeux, de leurs agaçants sourires, et qui tout à coup, rencontrant enfin leur maître, se prosternent à ses pieds et lui crient merci pour le feu qui les dévore! et ce maître impitoyable, à son tour, les écrase de ses dédains et de ses froideurs. Quelle leçon Auber lui donna!

Les nombreux succès du jeune compositeur à l'Opéra-Comique lui ouvrirent nécessairement les portes de l'Académie Royale. Il y entra, un chef-d'œuvre sous le bras, et déposa timidement sur les pupitres de l'orchestre la *Muette de Portici*. C'était en 1826, je crois. Calculez quel pas de géant : en si peu de temps de la *Châtelaine* à la *Muette*. Est-il besoin d'écrire un mot d'éloges sur ce beau chef-d'œuvre? A quoi cela servirait-il? — C'était peu de chose que le triomphe obtenu à Paris : ce que des hommes d'état n'avaient pu faire, ce que des diplomates, ces renards de gouvernement, n'avaient pu faire, ce que mille conjurations n'avaient pu faire, ce que des souverains n'avaient pu faire, un simple artiste, par la seule puissance de son talent, le fit; c'est-à-dire qu'il rétablit un royaume démembré; c'est-à-dire qu'il rendit à un peuple cette liberté qu'il ne pouvait conquérir; c'est-à-dire qu'il mit du courage et du patriotisme dans le cœur des plus timides; c'est-à-dire qu'il fit une révolution. On n'ignore pas que la révolution belge est due à la *Muette*.

A une représentation de cet opéra, le magnifique morceau :

Amour sacré de la patrie!

était à peine terminé, que le peuple, ne laissant pas finir le spectacle, se souleva en masse et sortit du théâtre en chantant *Amour sacré de la patrie*, et l'on sait ce qu'il en advint. Il est vrai de dire que c'était Nourrit qui jouait Mazaniello, et que sa voix pathétique qui remuait les entrailles, avait électrisé les auditeurs.

Et qu'on dise maintenant que la musique ne sert à rien !

C'est donc M. Auber qui a fait la révolution belge, c'est lui que le peuple aurait dû porter au trône. Ce succès d'un nouveau genre s'est presque renouvelé en Italie.

Après la *Muette*, Auber rentra à l'Opéra-Comique par la *Fiancée* et *Fra-Diavolo*. On sent je ne sais quel fluide mélodique vous glisser par le corps en couchant sur le papier ces noms où chante une si douce musique, et l'on voudrait tremper sa plume dans l'harmonie pour les écrire ! L'Académie Royale rappela à elle l'auteur de la *Muette*, qui y apporta le *Dieu et la Bayadère*, délicieux ballet qui fut tant applaudi. Il était difficile de joindre plus de grâce et de finesse à tant de simplicité; après ce ballet, se succédèrent au même théâtre: le *Philtre*, où il y avait autant d'esprit qu'on en peut avoir sur un violon; puis le *Serment*, dont le succès fut assez médiocre; *Gustave*, dont les airs sont dans la bouche de tout le monde, et enfin l'an passé le *Lac des Fées*, que le public, par un de ces caprices inexplicables et qui lui sont communs, ne goûta pas beaucoup. Nous ne comprenons pas trop la froideur qui accueillit cette partition, où il y avait d'éminentes qualités et des passages d'un puissant effet; nous regardons cette œuvre digne en tous points d'Auber, et tout à fait à la hauteur de son grand talent.

Avant l'apparition du *Lac des Fées*, Auber s'était, pendant quatre ou cinq ans, consacré entièrement à l'Opéra-Comique; et nous avons tous applaudi *Lestocq*, le *Cheval de Bronze*, *Actéon*, les *Chaperons Blancs*, l'*Ambassadrice*, et le *Domino Noir*. Tout récemment enfin, *Za-*

netta a dignement inauguré l'ouverture de la nouvelle salle.

Auber est jeune encore (il est né en 1795 à Paris); sa prodigieuse fécondité est loin de s'épuiser, nous pouvons donc compter encore sur un bon nombre de pièces. Il est d'ailleurs très grand travailleur; ainsi il ne se passe pas de jour, dit-on, qu'il ne se mette des heures entières devant son piano, pour lequel il a encore toute l'ardeur d'un écolier zélé.

Il n'a pas à se repentir de la détermination que lui ont fait prendre ses amis, et leurs prédictions se sont bien réalisées. Si d'une part il a fait ample moisson de gloire, il a aussi entassé des richesses, à l'instar de son collaborateur obligé M. Scribe. Il est en ce moment possesseur de deux ou trois belles maisons dans la rue Saint-Georges; on peut dire que, comme Amphyon, il les a bâties aux sons de sa lyre.

D'après les renseignements que nous avons recueillis sur son caractère et ses habitudes, Auber est un homme doux et bon, facile, un peu triste d'humeur, mais non pas morose ; riant rarement, mais agréable dans ses relations. Il n'a rien perdu de sa première timidité, il est d'une modestie à toute épreuve, rien ne lui est plus insupportable que d'être reconnu dans un lieu public, et de voir tous les regards se porter sur lui. Nous lisons quelque part que « sa répugnance pour le théâtre « est extrême, et qu'il se montre rarement « dans les spectacles. Il est de notoriété pu- « blique, ajoute le même écrivain, que dans les « coulisses de l'Opéra, Auber, sauf les répé- « titions bien entendu, n'a pas assisté à une « seule représentation de la *Muette de Por-* « *tici!* » Nous faisons un peu la part de l'exagération, car il nous semble bien l'y avoir rencontré plusieurs fois ; la modestie ne peut aller jusque là.

Voilà le compositeur français le plus populaire, et dont le nom peut être mis en parallèle, sans trop de désavantage, avec celui de bien des illustrations étrangères. Auber peut être considéré comme le chef de l'école française; le genre qu'il a adopté est éminemment national; c'est une heureuse fusion de l'école italienne et de l'école allemande, un genre mixte qui avait tous les éléments d'un prodigieux succès chez nous.

Auber a toujours rencontré de puissants interprètes dans Nourrit et dans Mme Damoreau, qui ont largement contribué à la popularité de ses œuvres ; nous leur devons donc des remercîments aussi.

ECRIVAINS ET ARTISTES VIVANTS,

FRANÇAIS ET ÉTRANGERS.

BIOGRAPHIES AVEC PORTRAITS.

PAR

X. EYMA ET A. DE LUCY.

> Quique sui memores alios fecere merendo,
> Omnibus his niveâ cinguntur tempora vittâ.
> VIRGILE.

Sculpteurs. — Pradier.

12ᵉ *Livraison.*

PARIS,
A LA LIBRAIRIE UNIVERSELLE,
13, place de la Bourse.
ET CHEZ TOUS LES LIBRAIRES.

—

1840

IMPRIMERIE D'AD. BLONDEAU,
rue Rameau, 7.

PRADIER.

ÉCRIVAINS ET ARTISTES VIVANTS,

FRANÇAIS ET ÉTRANGERS.

SCULPTEURS.

PRADIER.

« La sculpture doit plutôt appartenir à « l'antiquité, car elle est, avant toutes choses, « la représentation de la beauté de la forme; « et le soin comme l'adoration de la beauté de « la forme appartiennent au paganisme. La « peinture, au contraire, est dans la représen- « tation des sentiments de l'âme et de la « morale. La peinture est donc moderne et « chrétienne; mais elle ne pouvait fleurir au « dix-huitième siècle. »

Voilà comment M. Cousin s'exprime dans sa belle histoire de la philosophie au dix-huitième siècle (ceci ne s'adresse point à Son Excellence M. le ministre de l'instruction publique), sur les arts qu'il a étudiés avec des préoccupations de philosophe plutôt qu'en artiste. Ni l'ampleur de son style, ni la grâce de ses expressions, ni la hauteur de ses pensées ne peuvent sauver les nombreuses erreurs que nous avons rencontrées à chaque ligne dans ses pages brillantes. Son opinion sur la sculpture n'est pas la moins grave de toutes, et nous avons dû la consigner ici pour la contredire.

Il est à regretter, par exemple, que cette discussion arrive à propos de celui de tous nos sculpteurs dont la manière peut le plus donner gain de cause aux idées de l'illustre philosophe; mais, dans le premier article de cet ouvrage que nous avons consacré à un statuaire, nous avons été tellement absorbés par les faits, que force nous fut de remettre à plus tard l'exposition de nos doctrines en matière de sculpture; et certes, M. le baron Bosio nous eût fourni de formidables arguments à opposer aux attaques de M. Cousin; nous serons, en cela, moins heureux avec M. Pradier; mais nous tirerons des conclusions plus générales. Or, il ne faut jamais envisager l'art, sous aucun prétexte, au point de vue d'un seul homme, mais bien l'étudier dans toute son étendue, et ne juger que d'après des principes universellement posés et adoptés pour base unique du bien ou du mal; il en est de cela, comme de la morale, comme de la philosophie, comme de toutes les sciences.

L'art est un pour tous dans sa marche, ses résultats sont immuables.

La sculpture comme la peinture peut, plus que cela, elle doit rechercher la représentation des sentiments intérieurs et de la beauté morale. S'il en était autrement nous lui refuserions, dans notre âme et conscience, le droit de s'appeler un art, et de marcher comme elle le fait l'égale de la peinture. Il se comprend bien que nous entendons laisser de côté ce qui s'appelle la sculpture d'ornements, la sculpture de boudoirs; aussi bien, y a-t-il une peinture de ce nom, et qui n'est pour rien dans les destinées de l'art; tout cela pèse peu dans la balance. Nous ne nous occuperons donc que de la grande sculpture, celle que j'appellerai d'*action*; miroir des pensées qui ont germé dans la tête d'un homme, interprète des faits qui se sont accomplis dans l'histoire d'un peuple; or, je dis que celle-là est un art sérieux, à qui l'épithète de profane ne convient nullement. Sa condition d'existence git dans une sphère d'idées éminemment élevées, l'inspiration lui doit venir de haut, en dehors de tout amour particulier pour la forme. Quand un groupe s'offre à mes yeux, je cherche avant tout l'expression du visage, qui est l'expression de l'âme; je cherche l'harmonie de l'ensemble; le reste a son tour, mais d'abord cela.

Je ne veux pas borner l'horizon, et tracer autour de l'art un cercle de Popilius; et je ne crois pas, comme je l'ai lu quelque part, que la sculpture ne puisse choisir ses sujets autre part que dans l'histoire et la religion, à moins que ce ne soit comme expiation peut-être, et pour sauver son audacieuse nudité ; mais ce serait là, il faut en convenir, une dérisoire raison, une futilité.

La sculpture appartient au paganisme ou au christianisme, ou plutôt à l'art pur selon le *sujet*; toute la question est là, elle se tranche par ce seul mot.

Resterait à résoudre d'une autre part la question du nu, l'amour des formes. C'est l'accusation la plus terrible qu'on porte à la sculpture ; nous allons essayer d'y répondre. D'abord nous le ferons par ce grand principe que le nu dans l'art n'a jamais été qu'une pudeur ; le cynisme s'exclut. De l'abus seul vient le mal. Nous comprenons ce qu'il y aurait d'odieux et d'étrangement stupide, de la part d'un artiste, à venir nous représenter aujourd'hui un *Napoléon nu*; il fut un temps où on l'aurait fait, là eût été l'abus, là le mal. Maintenant, que la sculpture un peu plus que la peinture affecte de rechercher les formes extérieures, nous lui donnons pour cela absolution pleine et entière, et voici pourquoi :

le peintre, outre l'expression qu'il donne à ses personnages, a pour compléter son œuvre, le dessin, le coloris. La dernière de ses ressources manque au statuaire; il lui reste la première, le dessin, la parfaite connaissance des lignes, l'habileté du ciseau pour remplacer celle du pinceau; il ne peut exercer cette habileté que sur les formes, c'est là son triomphe; mais nous maintenons, comme plus haut, que cette science ne doit pas exclure celle du sentiment et du beau moral, qui d'abord doit se montrer.

Nous n'acceptons donc pas les conclusions de M. Cousin, et nous persistons à soutenir que la sculpture est aussi bien de nos jours que de l'antiquité, avec des conditions différentes peut-être, voilà tout; nous répéterons encore que le choix du sujet décide tout; que la question est là et pas ailleurs; aussi voilà pourquoi nous disions que Pradier donnait gain de cause à M. Cousin. Pradier est un statuaire profane, lui, pour qui la forme est tout, et qui la recherche, non pas toujours à l'exclusion de la beauté morale, mais le plus souvent.

Pradier est en quelque sorte un anachronisme pour notre temps, qui veut autre chose que ce qu'il fait; qui veut de la poésie autre part que dans le tour d'une jambe, et Pradier ne l'a pas; qui n'accepte guère des sujets mythologiques, et Pradier les recherche : il aime, lui, la licence dans le nu, nous ne voulons pas de licence, nous. Il est donc complètement en opposition avec son siècle, et pourtant ses succès sembleraient prouver le contraire, et pourtant M. Pradier passe pour un des plus grands sculpteurs de ce temps; quelques uns même le font marcher avec David, à la tête de la statuaire moderne.

D'où vient cette contradiction? Est-ce nous qui avons tort? est-ce M. Pradier qui a raison? — Est-ce que par hasard, diront quelques uns de nos lecteurs, vous voulez prendre rang parmi cette critique hargneuse et jalouse qui ne voit dans toute réputation consolidée qu'une proie à déchiqueter? — Dieu nous en garde! Et d'ailleurs, notre passé est là qui répond de nous. Le secret des succès de M. Pradier sera expliqué dans l'examen que nous allons faire de chacune de ses œuvres.

Tout artiste porte en lui le germe de sa réputation, quel que soit le point de vue sous lequel on envisage son talent; or, cette réputation n'est qu'éphémère lorsqu'elle est mal acquise; celle de M. Pradier est assez solide pour que ce reproche ne lui puisse pas être adressé.

Nous allons voir,

James Pradier est né à Genève en 1795. Il est encore du nombre de ces artistes étrangers qui sont venus demander leur gloire à la France, et la nouvelle patrie qu'il avait choisie l'adopta, comme elle adopte tous les glorieux enfants qui viennent à elle.

Au contraire d'Auber, lui, il avait un amour bien décidé pour les arts; il avait une vocation, mais cependant il est assez curieux d'observer que ses goûts ne le portaient pas vers la sculpture. Dès son enfance, il s'était mis à jouer avec le burin et le poinçon; ses parents le placèrent donc chez un graveur. Ne voyons encore dans tout cela qu'un instinct indécis, une sorte d'irrésolution familière aux enfants, qui ne prennent jamais que les chemins détournés pour arriver à leur but, et qui ne voient pas, ou qui évitent toujours la vraie route. Il avait été ébloui par une sorte de lumière qui empêcha son intelligence de distinguer bien nettement ce qu'elle voulait. C'est une erreur pardonnable. Ce qu'il y eut d'heureux pour le jeune Pradier, ce fut de tomber entre les mains d'un maître habile, qui comprit, du premier coup, que son élève n'était pas dans la direction qui lui convenait, et qu'il avait autre chose à faire. Il fut donc résolu que Pradier quitterait Genève et irait à Paris apprendre la sculpture; voilà comment il entra dans l'atelier de Lemolt.

Ce fut une époque de luttes terribles pour le jeune écolier. Il était pauvre et bien pauvre; ce fut en même temps un bien pour lui ; il échappa ainsi à toutes les distractions de la jeunesse, évita les écueils, et conserva pour le travail toute l'énergie de ses dix-sept ans. — C'est peut-être une dure vérité à avouer ; mais n'est-il pas possible que la pauvreté soit une nécessité pour l'artiste véritablement amoureux de son art? Tout son avenir n'est-il pas là? N'est-ce pas un aiguillon de toutes les minutes qui le presse dans l'accomplissement de sa destinée? Avec l'abondance, ne retirez-vous pas à un jeune homme la moitié de son énergie, de sa volonté, de sa puissance: sa misère présente peut faire sa fortune à venir.

Et pourtant ce qui se passe quotidiennement sous nos yeux semble prouver le contraire. Non, nous ne voudrions pas la misère dans toute sa cruauté pour l'artiste; mais nous lui souhaitons un bien-être si restreint, qu'il l'aidât à supporter le fardeau, sans l'alléger tellement qu'il ne le sentît plus peser sur ses épaules.

Pradier apporta tant de zèle et d'assiduité,

et en même temps une si grande intelligence dans l'accomplissement de sa tâche, que Lemolt sollicita et obtint pour lui une pension du ministère de l'intérieur. A la bonne heure! voilà qui est bien; on n'a pas cette générosité-là aujourd'hui; parlez donc à un ministre ou à un directeur des beaux arts de venir au secours d'un apprenti littérateur ou artiste, il vous répondra qu'il faut attendre ; et on attendra si bien qu'on lui donnera le temps de mourir à l'hôpital, comme Hégésippe Moreau ; ou s'il ne meurt pas, on lui donnera une pension de 1,200 fr. par an, lorsqu'il en gagnera déjà vingt mille par son travail, ou bien lorsqu'il sera député, et qu'on lui supposera une conscience à acheter, ou qu'il aura de la fortune. A ce propos, nous voyons se renouveler deux fois par an un odieux scandale que nous allons signaler ; ceci n'est point étranger à notre mission, voilà pourquoi nous en parlons. Ainsi, à des époques différentes de l'année, on jette des richesses dans des courses de chevaux ; nous ouvrons un journal dernièrement, et nous voyons que dans le seul mois de septembre un prix communal de 3,000 f. sera accordé à des poulains ; un autre prix de 3,500 à des pouliches ; un autre prix de 4,500 fr. dito ; un autre de 6,000 fr. dito ; un prix royal de 12,000 fr.; un prix du duc d'Orléans, de 3,000 fr.; le tout montant à *quarante mille francs*. Tout cela pour des chevaux ! Avec une somme pareille on donnerait de l'aisance, du pain, un gîte, de l'espoir et du talent à vingt poètes ou artistes. Il s'agirait de savoir qui honore le plus la France : une bonne race de chevaux, ou une bonne race de poètes ?—C'est honteux ! Lorsque la vingtième partie de cette somme eût empêché Moreau de mourir à l'hôpital, vous la jetez dans le ratelier d'un éleveur de chevaux ! Pendant que vous regardez tranquillement ces beaux piaffeurs qui dévorent en cinq minutes deux tours de champ de Mars, plus d'un grand artiste, messieurs, se meurt de consomption dans quelque coin d'un atelier : le nom de ce cheval que vous applaudissez, personne ne le saura demain ; tandis que vous laissez se noyer dans l'oubli le nom de quelqu'homme qui rayonnerait sur la France. Au moins le gouvernement, au moins le roi, au moins le prince royal ne devraient pas se faire les complices de ces infamies, et les laisser à quelques étourdis, a quelques fous, qui estiment plus un cheval, nous le savons, que quoi que ce soit. Mais passons, car nous parlons en vain.

Je me défie quelque peu de toutes les anecdotes où l'on met Napoléon en jeu ; il n'est pas un grand artiste de nos jours sur qui l'on n'ait fait peser une prédiction de l'empereur (entre grands hommes, on se comprend si bien !). N'importe, dans un article sur Pradier, que j'ai en ce moment sous les yeux, je trouve celle-ci ; je me suis bien informé de son plus ou moins d'exactitude, comme on n'a pu m'affirmer positivement le oui ou le non, je la transcris textuellement.

« Un jour Napoléon vint visiter l'atelier de
« Lemolt, qui travaillait alors au fronton du

« Louvre. Tous les élèves se tenaient res-
« pectueusement autour du maître, et à la
« fin de la visite, Lemolt, désignant Pradier,
« dit à l'empereur :

« —Sire, je vous présente l'un de vos petits pensionnaires.

« —Qu'il approche, dit Napoléon. »

Pradier s'avança en tremblant, et Napoléon, après l'avoir fixé quelques instants avec son *regard d'aigle*, dit à Lemolt, en portant la main sur la tête du jeune élève :

« —Maître Lemolt, soignez-moi cela, il y a bien des choses dans ce front. »

O Gall! ô Lavater! Napoléon, qui était un grand guerrier, vous valait bien tous deux! et il a tiré autant d'horoscopes que vous.

Cette même année-là, c'était en 1814, Pradier obtint après le concours une médaille d'or, et une exemption de la conscription.

L'année suivante, il obtint le grand prix de Rome, et le jeune lauréat, qui se rendait de plus en plus digne des faveurs qu'il avait obtenues, se mit en route pour l'Italie, où il apporta ce même amour du travail, cette même énergie pour l'étude. Il s'y livra avec une ardeur sans égale, et il revint de là un statuaire à peu près consommé.

Le moment n'est pas encore venu de chercher dans l'artiste son originalité, et de lui demander compte de sa manière ; cela regarde encore son maître. Tant qu'il ne s'est pas senti la bride sur le cou, tant qu'il n'a pas travaillé pour son compte, si je puis parler ainsi ; tant qu'il ne s'est pas tracé une ligne, créé une route à suivre, il n'est responsable d'aucune de ses erreurs, et nous n'avons pas lieu de lui adresser les reproches qui viendront tout à l'heure.

Pourtant les divers travaux qu'il envoya de Rome se faisaient remarquer par une connaissance approfondie de la nature ; mais c'était déjà la connaissance de la nature surtout extérieure ; toute l'habileté du sculpteur s'était concentrée là, il ne s'est pas assez défié de cette tendance et de cette force qui l'y poussaient. Mais, en revanche, il faut avouer qu'elle a eu des résultats merveilleux.

Le premier ouvrage qu'il exécuta à son retour à Paris fut un buste du roi Louis XVIII, d'une ressemblance parfaite, et d'un travail à l'abri de tout reproche. Ce beau buste est aujourd'hui placé au Louvre ; on raconte qu'il a été sauvé, à la révolution de juillet, par la présence d'esprit du directeur du musée, qui arrêta les démolisseurs au moment où ils levaient leurs crosses de fusils contre Louis XVIII, en leur criant de respecter l'auteur de cette charte pour laquelle ils combattaient. C'était de la logique on ne peut plus de circonstance. C'était un argument *ad rem* parfaitement choisi. Le buste fut donc épargné ; c'eût été un double regret que de le voir briser par des gens en guenilles qui ne respectaient ni les débris d'une royauté déchue, ni l'art.

Pradier avait déjà de la réputation, et une réputation bien méritée à l'âge où d'autres étudient encore ; il est un de ces favoris du gouvernement à qui les commandes pleuvent chaque année ; nous ne le lui reprochons pas, au contraire ; nous croyons même que de tous les arts, la sculpture est celui qui a le plus besoin d'appui et d'encouragement de la part du gouvernement. Il est difficile à un statuaire, à moins qu'il ne s'adonne à des travaux futiles et de commerce, de trouver un placement pour ses œuvres ; la sculpture, en France surtout, est peu populaire, l'artiste court donc de grands risques ou de laisser ses ciseaux inactifs, ou de garder ses œuvres à l'atelier. La sculpture ne semble chez nous destinée qu'à orner nos grands monuments ou nos places publiques, les particuliers, même les plus amateurs d'art, achètent rarement de la sculpture.

Pradier, disions-nous, était un des favoris du gouvernement ; en effet, la plus grande partie de ses travaux ont été exécutés sur commandes ; ainsi, au musée de Versailles on compte quatre statues de lui ; entre autres la statue du comte de Beaujolais, frère du roi

Louis-Philippe. Ce jeune homme, qui mourut en Angleterre, à la fleur de la jeunesse, des suites d'une chute qu'il fit à Marseille pendant la révolution, en arrachant son précepteur à la fureur du peuple, est, dit-on, d'une ressemblance si parfaite que le roi ne put cacher son émotion en la voyant. — Le jeune comte est représenté couché sur le gazon, et lisant une lettre de sa mère. Quelque grâce qu'il y ait dans cette pose, nous la trouvons un peu raide et forcée; mais il a rendu avec un rare bonheur l'expression de mélancolie répandue sur tous ses traits. Les appartements du roi sont décorés d'un grand nombre de marbres dus au ciseau de notre sculpteur.

Deux statues de lui sont à la Chambre des Députés; le Luxembourg en compte trois; la Magdeleine, sept ou huit; l'arc de l'Étoile, quatre.

Son Phidias, placé aux Tuileries à droite du Cincinnatus, frappe tous les jours les regards du passant; c'est une belle œuvre.

Nous ne rendrons pas Pradier responsable

du peu de goût qui a présidé à l'ornement de cette malheureuse place de la Concorde, bien qu'il y ait fourni son contingent ; mais je m'étonne qu'il ne soit pas venu à l'esprit des artistes qui ont travaillé pour cette place de faire observer combien seraient disgracieuses, dans cette immensité, des statues aussi petites et aussi mesquines, il aurait fallu là des colosses ; mais ce qui m'étonnerait moins, c'est qu'on n'ait pas accueilli les observations des artistes, s'ils en ont fait quelques unes. Quoi qu'il en soit, Pradier l'a emporté sur ses rivaux par l'exécution de ses deux villes, *Strasbourg et Lille.* Elles ont toutes deux une fière tournure, un air de noblesse, une imposante énergie qui saisissent aussitôt. Pradier n'y a pas évité l'écueil contre lequel il se brise souvent ; les vêtements, la draperie : du moment où il sort du nu, son ciseau perd de sa grâce un peu ; il tombe parfois dans le lourd et le raide.

Tant que le sculpteur ne s'est pas abandonné à ses propres inspirations, il s'est gardé de bien des fautes que nous lui reprochons; il ne pouvait sortir du cercle qu'on lui avait tracé; mais sitôt qu'il recouvre la liberté, vous allez voir quel sujet il aborde :

Les *trois Grâces*, exposées au salon de 1831. Cette œuvre était d'un fini merveilleux; il y avait là une connaissance mathématique de la forme, une expérience savante; la beauté extérieure y était rendue avec un soin scrupuleux; mais il faut dire aussi que cette préoccupation continuelle d'une étude systématique de la forme avait retiré à l'œuvre toute son idéalité, toute sa suavité. Les trois Grâces ressemblaient très bien à trois femmes terrestres d'une perfection rare, mais il n'y avait rien là dedans qui fît sentir leur origine céleste. Dans un pareil sujet, nous direz-vous, devait-on se préoccuper d'autre chose que de la beauté extérieure? Pourquoi choisir un tel sujet, vous répondrons-nous? Voilà ce que nous blâmons. Ce groupe, réduit en petites proportions, circule chez tous les mouleurs. Voilà, M. Cousin, ce que nous appellerons de la sculpture profane, voilà ce que nous nous donnerions loisir de critiquer, si toute la sculpture était là : L'original de ce groupe est au musée de Versailles.

Cyparisse et son cerf, groupe exposé en 1833; là, le statuaire prouva que nul ne savait aussi bien que lui tailler le marbre; que nul ne comprenait mieux les ressources immenses de son art. Mais où est la vie? Où est l'âme? Cyparisse est occupée à faire ployer les branches d'un arbre, voilà toute l'action de ce groupe; du reste, point de mouvement, point d'entrain; mais, en revanche, toujours une élégance et une perfection de formes désespérantes à atteindre. « M. Pra-« dier, lisons-nous dans une critique de cette « époque, appartient à une école pour qui « l'inspiration n'est rien. » Il sacrifie tout à l'adresse du ciseau; mais aussi personne ne l'égale en cela. S'il fallait qu'un élève se plaçât devant une pareille étude, il jetterait ses ciseaux de dépit.

A l'exposition suivante, en 1834, parut son

Satyre et sa *Bacchante*, groupe mis également en circulation par le moulage. Pour le coup, c'est de plus en plus fort; il est impossible de pousser plus loin la licence et l'oubli de son siècle. Il y a dans tout cela une volupté sensuelle et une grâce d'exécution qui eurent valu à l'auteur un triomphe inusité à nos époques les plus dépravées, dans un temps de corruption, au temps de Louis XV et de Mme Dubarry; dans ce temps de mœurs éhontées, le succès eût été prodigieux. Nous avons lu avec soin une bonne partie des meilleurs et des plus sérieux articles publiés sur ce salon, et nous devons dire que partout nous avons rencontré la même désapprobation à propos de ce groupe, qu'on regarda comme un anachronisme. L'un des juges de M. Pradier est allé jusqu'à lui demander où il voulait nous mener, et à lui faire souvenir qu'il était membre de l'Institut, que l'Institut était le gardien des bonnes et saines traditions de l'art, qu'il manquait à son caractère et à sa mission, doublement. Nous ne croyons pas trop faire en nous associant à ces reproches.

Cette même année-là, Pradier avait au salon un buste de Cuvier, qui ne lui valut pas non plus de grands éloges; ne le connaissant pas, nous sommes obligés de rapporter le jugement d'un autre : le vêtement était, dit-on, lourd, empesé; l'illustre académicien semblait gêné sous son costume rendu sans art, sans soins. L'immense tête de Cuvier était d'une petitesse ridicule. Y a-t-il dans cette appréciation un reste de la mauvaise humeur qu'avait soulevé son groupe? nous ne le croyons pas, attendu que nous rapportons là les paroles d'un homme consciencieux et qui se tient à l'écart de toute mesquine taquinerie. Ce qui nuisit le plus à Pradier, c'était le voisinage d'un buste du même individu par David, à qui l'on donna toutes les préférences.

En 1836, il espéra reprendre sa revanche, et nous eûmes un groupe, plus calme d'exécution, moins licencieux dans son ensemble; mais, dans ce choix, l'artiste était encore dominé par cette malheureuse tendance à adopter des sujets mythologiques, partant des sujets susceptibles de l'entraîner de nouveau dans ce pernicieux abus de la forme toute matérielle, où il se complaît avec tant de délices.

Il n'y manqua pas, je veux parler de sa *Vénus consolant l'Amour qui pleure;* mais il était impossible en même temps de faire preuve d'une plus grande habileté de ciseau; les chairs étaient d'une souplesse irréprochable, d'une rondeur parfaite; rarement sculpteur avait mis autant de coquetterie et de simplicité à rendre plus de grâces; à l'exception de la tête de Vénus, peut-être, dont le type était vulgaire, et qui manquait surtout de vie et d'animation, c'était bien là la belle déesse :

Hominum divumque voluptas.

Pour un œil libertin, plus que pour un artiste, c'était là, à coup sûr, un chef-d'œuvre à payer au poids de l'or.

Nous demanderons encore une fois à quoi

bon de pareils sujets; ce n'est pas que ma pudeur s'en effarouche, grand Dieu! mais c'est l'art qui s'en effarouche! Citons ses autres travaux du même genre : c'est une *Psyché*, c'est *Vénus après le jugement de Pâris*, c'est une *Chasseresse au repos*, etc.; les noms seuls de ces diverses œuvres indiquent à quel point M. Pradier a dû faire triompher son système. Il nous permettra, j'espère, de passer sous silence, et nous dispensera de porter aucun jugement sur une multitude de petites statuettes qui ont trop de graces pour être des caricatures, mais qui sont à coup sûr d'indécentes plaisanteries, indignes d'un talent aussi sérieux et aussi grave que celui de M. Pradier, membre de l'Institut. Ce sont là de ces fantaisies, spirituelles si l'on veut, mais qui ne devraient pas passer les portes de l'atelier. Mais, mon Dieu! où en serions-nous donc s'il fallait recueillir et mettre au grand jour de la publicité tous les quolibets graveleux, toutes les anecdotes licencieuses, tous les mots plus ou moins bizarres, que bon nombre de nos écrivains les plus spirituels laissent parfois échapper entre les quatre murs d'une chambre, dans un instant de folle gaîté ou de verve débridée! Mais, Monsieur, ils ont bien soin dans ces moments-là de s'assurer que personne n'écoute aux portes ni aux fenêtres ; ils parlent bas, et, le lendemain, ils auraient la mort dans l'âme si une seule de ces anecdotes, un seul de ces quolibets, un seul de ces mots passaient le seuil de leur maison ; ce sont là de ces folies qu'on oublie une minute après les avoir dites, qu'on serait malheureux de se rappeler ; plus que cela, ce sont des secrets, pour ainsi parler, qu'on ne confie qu'à deux personnes présentes, et qu'on tairait s'il en survenait une troisième, que les meubles seuls et les murs ont le droit d'entendre, parce qu'ils ne les répéteront pas ! Et pourtant ! vous avez peut-être, vous-même, M. Pradier, assisté à quelqu'une de ces scènes, vous savez donc de quel train y va l'esprit, ce que l'on y dépense de franche gaîté ! Si le lendemain le public apprenait tout cela, vous savez à quel fou rire il se livrerait! Ces plaisanteries valent les vôtres; mais on les étouffe, comme vous auriez dû briser vos statuettes. Est-il besoin de vous dire que l'artiste doit respecter avant tout son caractère, et qu'après cela, il est encore quelqu'un qu'il doit respecter plus que lui-même, et ce quelqu'un, c'est le public. J'avouerai franchement que jusqu'au jour où j'ai dû écrire cet article sur M. Pradier, j'ignorais complètement qu'il fût l'auteur de ces femmes nues affublées grotesquement d'un chapeau ou d'un châle qui ne cache rien de ce qu'il faut cacher, de ces filles en déshabillé, affectant d'étaler aux yeux tout ce qu'il importe de leur dérober, etc. Jusqu'alors, j'avais regardé cela en souriant et regrettant qu'un homme eût assez peu conscience de son talent pour le si mal employer; mais du moment où j'appris que M. Pradier en était l'auteur, je pris en pitié ces misérables folies, et j'en eus honte pour un si grand artiste.

Qu'il y a loin de là à son *Prométhée*, qui reste pour nous son chef-d'œuvre, et qui est certes une des plus belles statues qui ornent le jardin des Tuileries ! Je ne passe jamais à côté de la terrasse des Feuillants sans m'y arrêter.

Qu'il y a loin de là à sa statue de J.-J. Rousseau, exécutée pour Genève, la patrie de tous deux! A coup sûr, ce dut être un jour de grande fête pour cette ville de voir arriver ainsi, quoiqu'un peu tard, dans son sein un de ses enfants, un écrivain qui fait la gloire de la France, si heureusement rendu par un autre de ses enfants, qui est aussi une des gloires de la France. Cette belle statue, qui a été admirablement coulée par M. Crozatier, fut exposée pendant quelques jours dans la cour du Louvre avant que de partir pour Genève.

La fécondité de M. Pradier est surprenante, il travaille avec une facilité extraordinaire; à son âge, il a déjà produit assez d'œuvres pour remplir la vie entière d'un autre, et Dieu sait ce qu'il lui reste encore à faire! Nous savons, nous, qu'il a à terminer son groupe destiné à la Chambre des Députés, et représentant *le Roi* ou pour mieux dire *la Royauté publiant l'amnistie.* Il paraît que cette œuvre est entièrement étrangère à toute pensée de flatterie; l'artiste a envisagé la royauté sous une forme purement allégorique, et tous les rois futurs pourront s'y voir accomplissant le plus bel acte qui soit attaché au privilége de la couronne. Nous savons encore qu'il a aussi à commencer le fronton de la Chambre des Pairs; plein de confiance dans ses forces, dans sa fécondité et dans son zèle, on nous a assurés qu'il avait demandé moins d'une année pour terminer ce travail. Nous verrons bien, et nous admirerons, espérons-le.

Nous ignorons quelle récompense vaudra à Pradier cette nouvelle œuvre, car il est déjà membre de l'Institut, professeur à l'académie des Beaux-Arts, et officier de la Légion-d'Honneur: il serait possible qu'il fût nommé commandeur, il le mériterait, surtout s'il y met toute l'activité qu'il promet; et dût M. Viennet s'en fâcher, renoncer à porter la robe de pair de France et vouloir faire jouer ses pièces, nous applaudirions de grand cœur.

L'avenir nous apprendra les résultats des leçons de M. Pradier; nous ne doutons pas qu'il ne sorte de son atelier d'excellents élèves. Si son imagination est dans une mauvaise route, s'il obéit personnellement à une tendance que nous croyons funeste; nous avons la conviction cependant que par la nature même de son talent, il devra faire de très bons élèves, parce que nous espérons d'ailleurs qu'en leur inculquant les excellents principes de modelé qu'il possède, il ne forcera pas leur intelligence à suivre la pente de ses pensées.

M. Pradier, s'il lit par hazard cet article, le trouvera probablement sévère; nous l'avons voulu ainsi; mais au moins nous lui demandons qu'il nous fasse l'honneur de le croire juste et dicté par un grand esprit d'impartialité. Nous professons pour son talent, tel qu'il est, la plus sincère et la plus haute admiration. Mais nous n'avons pu, tout chétifs que nous sommes, nous empêcher de trouver mauvais ce qui est mauvais; nous n'avons pas dû nous dispenser de dire ce que nous croyons vrai, et parfaitement vrai, à savoir : que M. Pradier, tout grand artiste qu'il est, a suivi dès le principe, une fausse route ; qu'entre ses mains le ciseau joue un rôle qui n'est pas toujours le sien ; que la sculpture comme il l'a comprend n'est pas faite pour notre siècle; que trop souvent il a confondu la licence avec la liberté; que toujours il a pris pour condition explicite de la beauté de l'art ce qui n'est qu'une de ses ressources; que l'inspiration et la poésie lui ont parfois échappé au milieu de ses préoccupations de perfections extérieures; et qu'enfin, il a obéi à je ne sais quelle malheureuse tentation, à quel futile caprice, en laissant échapper de ses mains certaines productions inavouables, et dont il devait faire disparaître jusqu'à la moindre trace, du jour où son nom y a été accolé, surtout lorsqu'elles n'ont dû leur seule fortune qu'à ce nom qu'il fallait respecter.

Nous avons dit tout cela, parce que notre devoir le commandait, parce que nous aurions manqué à notre mission en ne le faisant pas.

Nous avons été sévères encore une fois, c'est vrai; mais nous avons été justes, nous le répétons; et nous ne sommes jamais sortis des bornes que nous imposaient le nom, le talent et l'importance de l'artiste.

Comme il a été décrété que jamais l'homme ne serait satisfait de son rôle et qu'il tenterait toujours quelque chose en dehors de ses attributions, M. Pradier n'a pas voulu faire exception à cette immuable loi; et pour ce, il a quitté un beau jour le ciseau pour la palette et le pinceau, la terre glaise pour les couleurs, et le voilà posé devant un chevalet, ayant devant lui un charmant modèle de femme, convaincu, je parie, tant que dura son travail, qu'il n'était qu'un piètre statuaire, et que s'il avait suivi une autre route il eût été un peintre sublime !

Il se tira pourtant à son plus grand honneur de cette épreuve, et le portrait de Mlle A. V***, exposé en 1837, fut signalé comme un des plus charmants du salon; il obtint un très grand succès, et un succès mérité, ce qui n'est pas toujours synonyme. Ce n'était vraiment pas trop mal, et il y avait là, en réalité, les germes d'un talent assez distingué en peinture; le dessin était bon, la couleur ferme; c'était une œuvre estimable qui eût fait honneur à plus d'un homme du métier.

Nous avons quelquefois rencontré M. Pradier; c'est un homme de manières distinguées; sa physionomie est vive et spirituelle, on distingue une légère ironie qui sommeille dans un coin de sa lèvre, mais d'un sommeil si peu lourd, qu'au moindre appel elle doit s'éveiller; il a toutes les allures d'un artiste, on le devinerait à le voir. On le dit bon, affable, prévenant, dévoué, donnant de bon cœur ses conseils à qui vient les lui demander; il est de plus d'une grande modestie. Voilà M. Pradier. Ajoutons, pour compléter, qu'à l'exposition de cette année, il a offert au public un *vase funéraire* fort gracieux, et très sévère de forme.

FIN.

PAUL DELAROCHE.

ÉCRIVAINS ET ARTISTES VIVANTS.

PEINTRES.

PAUL DELAROCHE.

> Pictoribus atque poetis
> Quid libet audendi semper fuit æqua potestas,
> Scimus et hanc veniam petimusque damusque vicissim.
> HORACE.

Cher lecteur,

On est quelquefois heureux de savoir un peu de latin; voici que j'arrive de la chasse, et je suis tout émerveillé du talent dont je viens de faire preuve en me permettant de mettre à mort un lièvre et quelques innocents perdreaux qui ne se défiaient pas de mon adresse. Ce bonheur inusité m'a mis aussitôt sur la voie d'un passage d'Horace que j'ai saisi au vol, et dont je me suis fait immédiatement l'application, bien qu'elle ne fût destinée d'abord qu'à l'homme dont je vais vous parler. Puisque cette audace m'a réussi une première fois, je vais oser plus encore ; ce n'est pas comme peintre toutefois, pas tout à fait comme poète, mais simplement comme biographe appelé à passer hebdomadairement en revue nos plus grands artistes que je vais prendre la liberté de vous adresser une lettre, et cette lettre, ami lecteur, sera timbrée de Chinon, si vous le voulez bien.

Donc, pendant que mes compagnons de chasse s'amusent à jaser dans la chambre à côté et à inventer mille mensonges qui rendent leurs prouesses incroyables; je vais, moi, vous raconter quelque chose qui vaut mieux que tout cela, la vie d'un vrai et honnête artiste.

Paul Delaroche est né à Paris, en 1797; il est le second fils d'un sous-directeur au Mont-de-Piété. Son père, homme d'un goût sûr et éclairé, appréciateur distingué en matières d'arts et d'antiquités, destina de bonne heure ses deux enfants à la peinture; mais dans sa juste ambition, et avec une prévoyance toute paternelle que les événements ne prirent pourtant pas soin de réaliser complétement, il fit deux lots de la peinture; l'histoire tomba en partage à Jules, par droit d'aînesse; à Paul échut le paysage. Partez enfants d'Aaron, partez! la carrière est immense, vous êtes jeunes, vous êtes pleins d'âme et de courage, vous êtes frères et vous vous soutiendrez l'un par l'autre: l'avenir vous tend les bras, marchez!

Les voyez-vous déjà comme ils approchent du but? Voici Paul qui concourt pour le grand prix de paysage, voilà Jules qui obtient le premier prix de torse.

Oui, mais ici quel revirement soudain! je ne prendrai pas sur moi d'en donner, de mon propre chef, une explication directe. Voici ce que je lis dans un article publié récemment sur M. Delaroche :

« Une femme dont il désirait consacrer les
« charmes par son talent naissant lui ins-
« pira, dit-on, le désir d'étudier la figure, et
« il ne suivit pas à demi cette nouvelle di-
« rection. Ses progrès y furent si rapides, que
« l'amour qui l'avait si heureusement ins-
« piré était encore *presque aussi ardent*, lors-
« qu'il se sentit en état de lui consacrer sa
« première page d'histoire. » J'avoue que je
suis forcé de m'incliner devant la manière
quelque peu outre cuidante dont est conçue
cette dernière phrase. Diable! il faut que
l'auteur ait suivi de bien près M. Delaroche,
pour avoir pu formuler un *presque* aussi po-
sitif et en savoir aussi long sur les sentiments
les plus intimes du jeune peintre. N'importe;
M. Delaroche devient l'élève de M. Gros; il
se livre assidûment au dessin, il travaille
avec opiniâtreté, mu et fortifié par les plus
nobles instincts de l'esprit et du cœur, il s'é-
lève rapidement au dessus de la plupart de
ses condisciples et se fait tellement distinguer
par son maître, qu'un jour Gros s'adressant

à Gérard lui dit, en parlant du jeune enthousiaste :

— « Voilà un gaillard qui saura faire son « chemin; je vous réponds qu'il n'ira pas « mourir à l'hôpital. »

Peu de temps après, Paul commença à exposer. Et Jules? me direz-vous, que devenait-il pendant ce temps-là? Voici ce qui se passait. Témoin des premiers succès de son frère, admirateur de son talent, et en même temps comme aîné de la famille appelé à remplacer plus tard son père dans le poste qu'il occupait, Jules Delaroche donnait sa démission de peintre pour entrer dans l'administration du Mont-de-Piété, et laissait son frère libre de prendre ses coudées franches dans la nouvelle carrière que celui-ci venait d'embrasser. Ces arrangements de famille ont obtenu la sanction du temps.

Le premier des deux frères est maintenant directeur en chef du Mont-de-Piété; il n'a toutefois pas abandonné complètement le pinceau, et nous connaissons de lui plusieurs charmantes peintures, bien heureusement inspirées par ses moments de loisir.

Quant à l'autre, cher lecteur, c'est aujourd'hui l'homme que vous savez; en un mot, c'est l'un de nos plus grands peintres d'histoire.

Voici la liste de quelques uns de ses premiers tableaux, par ordre de composition :

Joas sauvé par Jozabeth. Le Christ descendu de la croix. Jeanne d'Arc interrogée dans sa prison par le cardinal de Winchester. Saint-Vincent de Paul prêchant pour les enfants trouvés. Le jeune Caumont sauvé du massacre de la St.-Barthélemy. Les suites d'un duel. Fra-Philippo-Lippi (chargé de peindre une vierge pour un couvent, il devient éperdument amoureux de la religieuse qui lui servait de modèle). *La mort du président Duranti. Le prétendant secouru par miss Macdonald. La mort de la reine Elisabeth. La prise du Trocadero.* Nous sommes ici en 1827. Ce dernier tableau mit tout à fait son auteur en évidence, et donna à Gros l'occasion de faire encore une fois l'éloge de son élève.

— Sire, dit-il à Charles X, je ne sais s'il y a du génie dans cette jeune tête; mais il y a du savoir-faire, et votre majesté aidant, Delaroche fera sa brêche.

Gros n'était pas le seul qui eût deviné les destinées du jeune peintre; à quelques années de là, il y avait un homme appelé Géricault qui lui avait donné déja une bien grande marque d'intérêt et de tendresse. M. Delaroche travaillait alors à son tableau de *Saint-Vincent de Paule;* à cette heure-là même, le peintre immortel du naufrage de la Méduse gisait sur son lit de mort. Le jeune homme alla lui faire une dernière et douloureuse visite d'adieu.

—Mon ami, lui dit Géricault en l'apercevant, je ne puis plus aller dans votre atelier vous donner des encouragements, envoyez-moi chercher votre toile, je veux la voir encore une fois avant de mourir.

Le tableau fut immédiatement apporté, et là, (moment sublime s'il en fut!) dans cette chambre remplie d'assistants, sur le bord de cette tombe entr'ouverte, commença une grande et solennelle causerie sur l'art, entre ces deux hommes, dont l'un s'endormait au sein de la gloire, et dont l'autre s'éveillait pour l'avenir.

La prise du Trocadero mit le peintre en possession d'une belle et bonne réputation. Tous les yeux se tournèrent vers lui ; désormais la première période de sa carrière était achevée, la période la plus difficile à accomplir, celle où il s'agit de se faire accepter par le public. Cette première victoire une fois obtenue, M. Delaroche ne fait plus un pas qu'il ne soit scellé par un triomphe. Voici *les Enfants d'Édouard, Cromwel, Galilée*, un portrait de mademoiselle *Sontag* dans le rôle d'*Anna*. Là c'est *Richelieu* mourant, qui remorque à sa suite sur le Rhône, *Cinq-Mars* et *de Thou*, ces deux nobles jeunes gens qui vont mourir avant lui : à côté, c'est encore un cardinal à l'agonie, c'est *Mazarin* qui s'éteint au milieu d'une fête, à la clarté des bougies, et qui, de son dernier regard, préside encore une partie de lansquenet. Comme ils sont philosophiquement résumés, ces deux hommes qui se débattent jusque dans leur linceul avec la soif du plaisir et la soif de la vengeance, ces deux passions caractéristiques de leur double existence!

Voilà le supplice de *Jane Gray*, cette saisissante page qui a été reproduite par tous les burins de l'époque. Je me suis laissé conter, au sujet de ce tableau, la plus ravissante anecdote : Un enfant que sa mère avait conduit au Musée se trouva tellement frappé de terreur à la vue de cette toile si cruellement expressive, qu'on fut obligé de l'emporter hors de la salle. Ramené au Louvre à quelques jours de là, il n'eut pas plus tôt jeté les yeux sur cette scène, qui l'avait si fortement bouleversé une première fois, qu'il se retourna vers sa mère en s'écriant :

— Maman, maman, elle n'est pas morte!

— Comment cela, mon fils?

— Mais oui! depuis l'autre jour, je croyais qu'on l'avait tuée.

L'action pendante sur la toile est en effet rendue avec une telle force d'imminence et de réalité, que l'imagination impressionnée du pauvre enfant avait pris la reproduction d'un fait pour le fait lui-même, et se figurait qu'il avait dû être accompli dans toutes ses exigences. Cette naïveté rappelle un peu celle de ce bon paysan qui, assistant à la représentation d'un drame, voulut tout d'un coup s'élancer sur le théâtre avec son bâton, pour défendre le héros auquel il s'était identifié avec toute la puissance de son ingénuité.

Rentrons dans notre sujet. Vint ensuite la *Mort du duc de Guise*, charmant tableau acheté par le duc d'Orléans; et récemment, cher lecteur, au dernier salon où M. Delaroche a exposé, c'est-à-dire en 1837, vous avez pu vous arrêter longtemps en contemplation devant la *Ste-Cécile*, le *Charles I*[er] insulté par des soldats dans un corps-de-garde, et le *Strafford* marchant au supplice et béni sur l'escalier de la prison par l'archevêque de Cantorbéry.

Là se termine la seconde période de la carrière de M. Delaroche. Je ne m'étendrai pas davantage sur les différents tableaux que je viens d'énumérer; la grande popularité dont ils ont joui et qui leur est toujours chaudement continuée, l'énorme publicité qui leur est acquise par la gravure et la lithographie me dispensera d'un plus long commentaire à leur propos.

Si M. Delaroche est de tous les peintres contemporains celui qui a su le mieux conquérir l'attention de la foule, il faut le dire aussi, il en est peu sur lesquels la malveillance se soit plus exercée. Ne sachant comment attaquer en bloc un talent que le succès avait posé sur une base trop solide, ses ennemis ont pris à tâche de détruire l'édifice de ses qualités en essayant de les battre en brèche une à une. On a nié son dessin, sa couleur, sa pensée, sa manière de peindre, qu'on dit trop *léchée* : un critique, homme d'étude et de goût pourtant, a été jusqu'à dire qu'il peignait avec du cirage pour les bottes; c'est ce même écrivain qui a fait de la peinture une espèce d'art culinaire, qui parle avec tant de complaisance des *tons beurrés*, des *appétissants ragoûts* de couleurs, et qui sans doute en paysage doit aimer les épinards. Voilà un genre, ce me semble, auquel le mot *lécher* serait plus rationnellement applicable?

Si l'on réunissait en faisceau toutes les accusations lancées de côté et d'autre contre M. Delaroche, il ne lui resterait pas une fiche de consolation; il serait ruiné, perdu, mis au néant; mais ces reproches sont-ils fondés?

Voulez-vous de la belle et harmonieuse couleur, des morceaux d'une facture large, des coups de pinceaux hardis et vigoureux? examinez les *Enfants d'Edouard, Cromwel, Jane Gray, Charles 1er, Strafford*. Voulez-vous au contraire de la couleur chatoyante, de la peinture fine et délicate, quoique toujours ample et riche? Consultez le *Richelieu*, le *Mazarin*, le *Duc de Guise*, et surtout le *Galilée* et la *Ste-Amélie*, ces deux petites pierres précieuses.

D'autres personnes se sont rejetées sur le manque de poésie et d'élévation qui, à les en croire, se fait remarquer dans les compositions de notre peintre. Mais quelle plus touchante poésie que celle qui règne dans le tableau des *Enfants d'Edouard*, poésie tellement tendre et abondante, que M. Delavigne y est venu aspirer le sujet d'une tragédie! quelle plus déchirante poésie que celle qui est empreinte dans les derniers moments de *Jane Gray*! Quoi de mieux senti et de plus noblement exprimé que la sublime résignation répandue sur le visage de *Strafford*! enfin, quoi de plus magnifiquement calme que le personnage de *Charles* Ier supportant les outrages des soldats avec une patience digne du Christ!

Quels ressorts n'a-t-on pas mis en œuvre pour dépraver l'opinion publique à l'endroit de M. Delaroche; on lui a même reproché le choix de ses sujets. C'est là une inquisition qui n'est en aucune façon du domaine de la critique, pas plus en matière d'art qu'en matière de littérature. Jugez l'œuvre telle qu'elle a été conçue, mais ne demandez pas compte des données premières, elles ne vous appartiennent pas. Et puis, après tout, qu'est-ce que vous blâmez dans le choix de ces compositions? Vous blâmez ce que vous appelez la *sombre horreur*, la *froide cruauté*, c'est-à-dire que vous réprouvez tout simplement le drame, le drame tel que MM. Hugo et Dumas l'on écrit, tel que vous l'avez admiré, prôné, chanté, s'il vous en souvient, passionnés que vous étiez pour la couleur locale, les grandes émotions et la pensée philosophique. Et maintenant, par je ne sais quelle bizarre inconséquence, voilà que pour déprécier des succès qui vous gênent, vous criez bien haut qu'ils ne sont dus qu'au charlatanisme du sujet; comme si en peinture, en littérature, en sculpture, l'idée pouvait prévaloir seule, l'idée! qui est nécessairement asservie au mérite de l'exécution. Cependant ce mérite d'exécution finit tellement par vous frapper, que vous retournez encore une fois la question, et alors vous vous écriez que le peintre n'a d'autre talent que celui de la main d'œuvre, puis tout à coup vous vous souvenez que Casimir Delavigne a puisé l'inspiration d'une tragédie dans un tableau de Paul Delaroche, et immédiatement vous comparez Paul Delaroche à Casimir Delavigne, c'est-à-dire l'homme jugé énergique et farouche à l'homme jugé timide et débonnaire; cette comparaison, vous l'établissez d'après un seul point de contact commun à tous deux, et qui est celui-ci : une tendance continuelle à la correction et un certain vernis de bonne compagnie généralement répandu sur tous leurs ouvrages.

De ces diverses accusations que nous venons de passer en revue et qui courent les unes après les autres, pour se couper et se démentir à tour de rôle, on peut logiquement conclure que M. Delaroche est doué d'une riche organisation, et qu'il joint au précieux mérite du travail et de la patience les qualités plus exquises et plus sévères qui ressortent de l'instruction et de l'intelligence.

Successivement nommé chevalier, puis officier de la légion-d'honneur ; choisi d'abord pour décorer à lui seul l'église de la Madeleine, M. Delaroche a décliné cette responsabilité quand il a vu qu'un compétiteur était admis à partager ces travaux. Aujourd'hui, le palais des Beaux-Arts lui est livré ; seul desservant de ce temple glorieux, il est appelé à une belle et noble consécration. C'est à présent qu'il entre dans la troisième période de sa vie d'artiste ; espérons qu'elle sera immortalisée par des chefs-d'œuvre.

Comme homme, M. Delaroche jouit d'une estime universelle et parfaitement méritée. Il est bon et serviable, même à l'égard de ses ennemis. Quelques individus le traitent de hautain, de dédaigneux et bien à tort assurément ; cela vient de ce qu'il est d'une franchise extrême, et la franchise est toujours assez mal interprétée; en outre, comme il fuit les coteries et aime à choisir sa société, il a éveillé bon nombre de petites susceptibilités très hargneuses qui perdent leur temps à japper derrière sa réputation. Étranger à toute espèce d'intrigue, M. Delaroche n'a jamais cherché à attirer sur lui l'attention publique autrement que par ses œuvres; jamais il n'a commandé ou payé un éloge dans les journaux, aussi toutes les attaques auxquelles sa personne ou son talent ont été en butte sont-elles toujours restées sans réponse. La haine a été loin à son égard; chaque fois que l'artiste expose, il reçoit par vingtaines des lettres anonymes brutales et injurieuses. Tout méprisables que soient de pareilles méchancetés, elles n'en sont pas moins perfides; car il y a dans tout homme une fibre plus ou moins sensible que la malignité froisse presque toujours, et que l'indignation fait alors douloureusement vibrer. Membre de l'institut, M. Delaroche a depuis plusieurs années fait rayer son nom de la liste des jurés chargés d'examiner les tableaux qu'on veut faire admettre au Louvre, et cela, pour ne pas être accusé d'une sévérité aveugle ou passionnée, peut-être aussi pour protester, par son absence contre l'iniquité de certains jugements. Il s'est donc replié sur lui-même, et fort de sa conscience, il lui a demandé l'énergie nécessaire pour lutter contre les nombreux découragements qui l'on souvent assailli de plus d'un côté. Depuis son retour d'Italie, il a rassemblé dans son atelier une jeunesse d'élite à laquelle il enseigne les doctrines les plus pures de l'art. C'est là son sanctuaire à lui, c'est là que de jeunes et vaillants élèves s'intruisent et se façonnent à de nobles destinées. S'il s'attache à leur donner par ses leçons l'intelligence des mystères de l'idéal trouvé par les anciens; s'il leur inculque les notions sacramentelles de 'art grec, sa voix prudente et amie sait aussi les guider avec prévoyance à travers les écueils de l'art moderne. Il leur apprend les règles de la tolérance, mais aussi les règles du goût. Il leur enseigne à chercher et à admirer le beau partout où il peut se rencontrer, sans distinction d'époques, sans jalousie d'écoles, sans rivalité de bannières; à respecter surtout l'homme dont ils ont à juger les œuvres. Il ne leur impose ni ses idées ni sa manière. Son atelier n'est pas comme celui de certains professeurs une espèce de chambre noire dont il ne sort que des élèves, froides copies de leur maître, calques décolorés et infidèles. Chez lui, personne ne travaille aux dépens d'une qualité qui lui est propre et originelle. A l'un, il dit : « Vous êtes coloriste, étudiez la couleur. » A l'autre : « Vous serez dessinateur, cherchez le dessin. » A tous : « Suivez vos instincts. » Il est le premier aussi à leur montrer combien il faut être sévère pour soi-même. Racine faisait difficilement des vers faciles; M. Delaroche ne se satisfait pas toujours du premier coup. Quand l'exécution d'un tableau ne répond pas bien à l'idée telle qu'il l'a conçue, ou à peu près, l'œuvre fût-elle entièrement terminée, le poète se révolte en lui et il gratte impitoyablement jusqu'au vif l'ouvrage incomplet du peintre. Ce procédé, qui révèle un amour bien sérieux de l'art, a pourtant servi de texte à de nombreuses incriminations contre ce que l'on veut bien appeler les pénibles enfantements de M. Delaroche; comme s'il ne bâclerait pas, s'il le voulait, aussi vite qu'un autre des tableaux bien moins méchants peut-être? D'ailleurs, la *Stratonice* de M. Ingres ne lui a-t-elle pas coûté vingt longues années de gestation? Et M. Ingres est cité aujourd'hui comme un modèle à suivre en tout et partout; M. Ingres, ce grand et digne artiste qui a pourtant ses défauts comme tout le monde, et d'abord de maladroits amis qui abusent de son nom à tout propos et le déconsidèrent en le mettant à toutes *sauces* (pour me servir d'une expression qui n'est pas de moi, et dont je renvoie l'honneur à celui qui a inventé l'argot dont j'ai parlé à la page 364).

Ce qui jette une grande distinction dans les ouvrages de M. Delaroche, c'est qu'on ne retrouve pas en eux la reproduction de ces types qui courent les rues, et qui, par leur beauté même sont devenus vulgaires ; je veux parler des *modèles*. Pour peu, cher lecteur, que vous ayez été quelquefois visiter un peintre dans son atelier, vous avez pu y remarquer quelqu'une de ces figures à gage, dont on est tout étonné ensuite de retrouver le portrait au Musée sur une quantité de toiles de toutes grandeurs : Grec, Romain, Français, Espagnol, pieux ermite, fier soldat, gai ménestrel, amoureux transi, Christ expirant, c'est toujours LUI ! Il est de tous les pays, il est de tous les temps, il est partout à la fois, c'est un Dieu ! Mais c'est bien le même homme, et saluez-le, car, par ma foi, il est très ressemblant. — C'est là une pierre d'achoppement qu'on ne sait généralement pas assez éviter. Le modèle ne doit être considéré que comme un mannequin à formes correctes et à articulations vivantes. Empruntez-lui, mais ne faites pas le métier de voleur en le dépouillant complètement.

Homme du monde, M. Delaroche effleure la société au profit de son pinceau. Ici, c'est un front dont il saisit les contours, là ce sont les lignes harmonieuses d'un ovale dont il grave le trait dans sa mémoire; plus loin, il dessine dans son esprit un geste qui croit avoir passé inaperçu, une pose que la mélancolie rend plus abandonnée, un regard qui en suit un autre avec tendresse, ou qui se lève vers le ciel comme pour se plaindre d'être incompris. Le plus charmant des sourires s'est-il épanoui sur les lèvres d'une femme? déjà ce sourire est cueilli; vienne maintenant l'heure des méditations, et tous ces souvenirs seront évoqués, poétisés, reconstruits, transfigurés. Lors donc que vous vous surprendrez à rêver devant quelqu'une de ces ravissantes créations de notre peintre, sachez-le bien, ami lecteur, ce n'est pas une femme seule qui l'aura inspirée, c'est un essaim de jeunes et gracieuses fées de salon. — M. Delaroche se rappellera toujours les fêtes joyeuses du château de V... et la grande hospitalité qui ne lui a jamais manqué jadis dans la famille de cet aimable vieillard, de cette noble femme, modèle de beauté, de bonté et de grâce, qui, dans leur sainte affection, lui ont souvent couvert les yeux d'un bandeau pour qu'il traversât, sans les voir, les plus mauvais jours de sa jeunesse. Je sais un album qui renferme plusieurs de ses premiers dessins, dont la date remonte à plus de vingt-cinq ans, et qui sont toujours pieusement conservés. Les vieux souvenirs ont une religion qu'on ne peut pas renier.

M. Delaroche a épousé, en Italie, la fille d'Horace Vernet. Le nom d'Horace, qu'il a donné à son fils, consacre doublement ce jeune avenir à la peinture. Heureux si l'héritier de ces deux noms forts et distingués peut obtenir du ciel la transmission simultanée de leur double valeur !

Voilà, cher lecteur, ce que j'avais à vous conter. J'espère vous avoir donné quelques notes qui pourront vous conduire à apprécier ce peintre sainement et en dehors de tout esprit de parti. Maintenant, si vous voulez me le permettre, je vais vous faire succinctement l'itinéraire de mon voyage, d'autant plus que je trouverai bien le moyen de rapporter mes divagations à la plus grande gloire de la peinture. Parti de Paris un soir, mon premier point d'arrêt, le lendemain matin, a été Orléans, où j'ai eu beaucoup de peine à dénicher la statue de Jeanne d'Arc; on l'a reléguée tout au bout d'une place dans une espèce d'alcôve, où, bien certainement, je n'aurais jamais eu l'idée d'aller la chercher ; les Orléanais ne me semblent pas d'accord avec l'histoire sur les vertus de cette héroïne. De là j'ai été à Blois, qui m'a rappelé le duc de Guise ; puis je suis arrivé à Tours, où j'ai visité de fond en comble la maison du *bon* Tristan l'Ermite. Dans la cour, il y a encore deux vieilles poutres assez vermoulues et garnies d'une quarantaine de crochets qui n'attendent que des hommes de bonne volonté pour leur prouver, séance tenante, que malgré leur vétusté, un léger poids de cent cinquante à deux cents livres ne les ferait pas rompre. Je n'en ai pas tenté l'essai; mais j'ai pensé à Louis XI, et je me suis dit que c'était là une de ces grandes figures qui conviendraient au pinceau de M. Delaroche. Puis j'ai quitté les bords de la Loire pour les rives non moins pittoresques de la Vienne. J'ai exploré de bas en haut le château de Chinon, où Jeanne fut présentée à Charles VII pour la première fois. Le château de Chinon! cette ruine grandiose que l'incurie de tout un département laisse tomber dans une décrépitude révoltante. J'aurai l'occasion de dire ailleurs mon mot sur cette incroyable abnégation de tout un passé glorieux. A l'heure qu'il est, mon cher lecteur, je suis juché dans le donjon d'un vieux manoir d'où je vous écris ces pages précipitées. J'embrasse de ma fenêtre un magnifique panorama. A ma gauche et à ma droite, tout n'est que verdure et floraison; en face de moi, j'ai la Vienne dont je suis du regard les détours capricieux à travers les campagnes chargées de vignes mûrissantes; au milieu de tout cela, je vois surgir d'un côté les lignes rompues des vieilles tourelles de Chinon; de l'autre, je vois s'étendre les champs déserts où fut jadis le camp de César; et tandis que je me perds dans la contemplation de cet immense paysage, je sens monter vers moi, par intervalles, le parfum des mille arbustes du jardin.....

Mais la cloche vient de résonner pour la troisième fois et m'invite à venir prendre ma part d'un succulent chevreuil que j'ai laissé tuer par un autre à notre dernière chasse ; pourtant dans sa course rapide il avait effleuré mon innocente embuscade ; mais moi, semblable alors au Tityre de Virgile, je reposais mollement au pied d'un hêtre, tandis que mon fusil dormait sur l'herbe et que j'égrenais entre mes doigts les petites fleurs roses d'une bruyère en murmurant le nom d'Amaryllis absente...

FIN DU PREMIER VOLUME.

TABLE DES MATIÈRES

CONTENUES DANS LE PREMIER VOLUME.

	Pages.
Préface.	
Alexandre BATTA	1
Eugène DELACROIX	19
Gaëtano DONIZETTI	45
Casimir DELAVIGNE	69
Le baron BOSIO	99
BOUFFÉ	131
Madame GRAS-DORUS	163
Honoré de BALZAC	191
Ary SCHEFFER	223
Madame ÉMILE de GIRARDIN	255
AUBER	299
PRADIER	319
Paul DELAROCHE	353

FIN DE LA TABLE.

Paris, Imp. d'Ad. Blondeau, rue Hameau, 7.

www.ingramcontent.com/pod-product-compliance
Lightning Source LLC
Chambersburg PA
CBHW060543230426
43670CB00011B/1675